# 8 Tipos de Madre

Gloria Richards

PUBLICADO POR HLM PRODUCCIONES, S. A. DE C.V.
Melquiades Alanís 5825. Alamos de S. Lorenzo, Cd. Juárez, Chih.
32320. E-mail: hlm@vinonuevo.net

Registro Público del Derecho de autor
No. 03-2002-090517084300-01. Por Gloria Richards

Todos los derechos reservados. Ninguna parte de esta publicación puede ser reproducida sin el permiso previo de la autora.

Hecho en México
ISBN - 1-885630-65-4

## CONTENIDO

Introducción...........................................................................5
1. Tú y el Estilo de Maternidad de tu Madre............................7
2. Cualquier Similitud a tu Madre o a ti
   ¡es Mera Coincidencia!............................................... 12
3. Nuestro Padre Perfecto......................................................37
4. Tres Pasos Necesarios.......................................................50
5. ¡Tú Puedes ser una Buena Madre!....................................56
6. ¡Nunca es Demasiado Tarde!............................................74

## OCHO TIPOS DE MADRE

## INTRODUCCIÓN

Cronología de una madre, expuesta por el hijo:

*4 años de edad...* Mi mamá puede hacer cualquier cosa.
*8 años de edad...* Mi mamá sabe mucho...
*12 años de edad...* Mi mamá no sabe todo.
*14 años de edad...* Obviamente mi mamá tampoco sabe eso.
*16 años de edad...* ¿Mi mamá? ¡Ay... ¡es tan anticuada!
*18 años de edad...* Mi mamá, está totalmente fuera de época.
*25 años de edad...* Puede que sepa algo al respecto mi mamá.
*35 años de edad...* Pediremos la opinión de mamá.
*45 años de edad...* ¿Qué haría mi mamá en esto?
*65 años de edad...* ¡Quisiera que mi mamá viviera para consultarlo con ella!

En los últimos años la maternidad ha estado bajo ataque. En algunos países, especialmente en Europa, la meta más grande de la mujer es destacar en una carrera. Si llega a casarse y si aún hay tiempo en "su reloj biológico", posiblemente ella tenga uno o dos hijos, los cuales pasarán la mayor parte de sus días en una guardería.

Al otro extremo, en muchas partes del mundo, la mujer es oprimida y tratada como algo de menos valor que una vaca, sin ninguna oportunidad de estudiar. No obstante, sea cual sea tu situación, sigue siendo una gran verdad: "La mano que mece la cuna gobierna la nación." Las madres ejercen gran influencia y forman el carácter de futuras generaciones.

Existe cierto ministerio internacional para niños con este lema: "Es más fácil edificar a niños y niñas, que reparar a hombres y mujeres." Con demasiada frecuencia los niños son los herederos de los errores de sus padres. ¿Por qué? Porque las heridas sufridas a temprana edad son mucho más dañinas que las que se sufren después.

Cuando el árbol es joven es cuando puede torcerse. Así que tenemos que reforzarlo mientras es joven para que crezca fuerte.

Jesús dijo: *"Dejad a los niños venir a mí, y no se lo impidáis; porque de los tales es el reino de Dios"* Mc. 10:14. No es de extrañar que Jesús haya dicho: *Dejad a los niños venir a mí.* El sabía que un niño que es bendecido se convertirá en un adulto bendecido.

No hay nadie que haya influenciado la persona que tú eres hoy día, tanto como tu madre. Cuando se usa la palabra "madre"en este libro, se refiere a la persona que te crió. Si no fue tu madre biológica, sino una abuela, familiar, madrastra o amiga de la familia, entonces para ti, ella fue esta persona significativa.

A través del libro que ahora tienes en tus manos, podrás identificar la influencia que tu propia madre ha tenido en tu vida, y cómo puedes superar sus errores con el fin de que tú seas una madre aun mejor. A la vez, veremos cómo nuestro Padre Celestial puede suplir todo lo que nos faltó de nuestros padres naturales. ¡Así que, acompáñame ahora en un viaje interesante y desafiador!

# 1
## TÚ Y EL ESTILO DE MATERNIDAD DE TU MADRE

Ricardo se dio cuenta que trataba a su esposa con menosprecio y que la regañaba por las cosas más mínimas, sin embargo, no sabía por qué. Se había casado enamorado, pero ahora parecía que su esposa nunca le podía agradar en nada. "¿Qué me está pasando?" se preguntaba a menudo.

No fue hasta varios años después, cuando Ricardo escuchó a un maestro bíblico explicar sobre raíces de amargura en nuestras vidas, que él pudo identificar cuál era la verdadera raíz de su problema actual. De niño, Ricardo había sufrido con una madre alcohólica, y como resultado, en su subconsciencia, él guardaba rencor contra toda mujer. Al enfrentar la realidad y al perdonar a su madre, aunque ya había fallecido, Ricardo llegó a ser un hombre nuevo y, por lo tanto, un esposo nuevo.

Otro caso que conozco personalmente es de un hombre que llamaré Silvestre. Por años, él y su esposa tenían fuertes problemas en su matrimonio y con sus hijos, debido al carácter violento de él. Varias veces Silvestre y su esposa fueron con algunos de nuestros consejeros y por un tiempo la situación en el hogar se mejoraba, pero tarde o temprano la ira dentro de este hombre le dominaba otra vez. Finalmente, salió a luz que Silvestre nunca había perdonado a su madre por los años de abuso físico que sufrió a manos de ella cuando él era niño.

Como en el caso de Ricardo, al identificar la raíz del problema, Silvestre confesó su amargura contra su madre y en un acto de su voluntad, la perdonó. Así empezó el proceso de sanidad emocional de este hombre, que a su vez, ha traido sanidad a este hogar. Ha sido un proceso lento pero seguro. ¡Problemas no resueltos de nuestro pasado a menudo nos roban de una vida victoriosa en el presente!

El mundo está lleno de personas como Ricardo y Silvestre. Es posible que tú estés casada con uno de ellos. Queramos o no, no hay persona casada sobre este mundo, hombre o mujer, que de alguna manera u otra, no esté casada también con la suegra - ¡aunque ésta ya haya muerto o viva a tres mil kilómetros de distancia! ¡Para bien o para mal!

Quizá tú te identifiques de manera más personal con la siguiente mujer:

Elizabeth colgó el teléfono después de otra conversación frustrante con su mamá. Había tratado de explicarle que la familia no iba a poder ir a verla durante sus vacaciones, porque su marido quería visitar las Barrancas del Cobre en la Sierra de Chihuahua. Pero al avisar a su madre de los planes, ella respondió, como siempre, con un tono de voz frío, diciendo, "Yo entiendo que están demasiado ocupados para mí" y con esto, colgó el teléfono.

Elizabeth amaba a su madre y deseaba tener una relación más cercana con ella. Recordaba lo que dice la Biblia de honrar a su padre y su madre. ¡Pero cómo luchaba interiormente! "Parece una situación imposible," pensó. "Para agradar a mi mamá, tengo que pelear con mi marido. Pero así son las cosas ¡desde que me casé hace veinte años!"

La escena entre Elizabeth y su madre se repite en derredor del mundo un sinnúmero de veces diariamente. Porque millones de personas oscilan entre el enojo, resentimiento, temor y la confusión en cuanto a su relación con su madre. Todos los adultos quisiéramos tener una amistad satisfactoria con esta persona tan significativa en nuestras vidas, pero demasiadas veces la realidad es otra. Tal vez tú sientas:
- Incapacidad para comunicarte con ella
- Su rechazo hacia tu esposo y amistades
- Dificultad para decirle "No"
- Culpabilidad porque no alcanzas sus expectativas que tiene de ti

- Distanciamiento o estar desconectada de ella
- Que tienes que esconder tu verdadero "yo"

Enfrentar tu pasado puede ser la llave para abrir la puerta a tu presente y futuro. La calidad de tu relación con tu mamá impacta cada área de tu vida. Aprendemos de nuestra madre no solo los patrones de relación con otros, sino también aprendemos cómo manejar el fracaso, el dolor, las pérdidas y muchas otras cosas que forman nuestras emociones.

Así que el estilo de maternidad de tu madre y la forma en que tú respondiste a ella, ha formado tu perspectiva del mundo, tus relaciones, tu matrimonio, tu carrera, tu autoimagen...tu vida.

Ernest Hemingway, un conocido escritor inglés, escribió sobre un padre español quien decide buscar la reconciliación con su hijo, porque había huido a Madrid. Ahora arrepentido por su actitud hacia su hijo, el padre pone el siguiente anuncio en el periódico más leído: *"Paco, encuéntrame en el Hotel Montana el martes al mediodía. Todo está perdonado, Tu papá."* El nombre Paco es muy común en España, así que cuando el padre va al hotel, ¡encuentra a 800 jóvenes, llamados Paco, esperando a su padre!

Tal vez Hemingway escribió la historia porque personalmente él vivió la falta de perdón por parte de su propia familia. Sus padres supuestamente eran cristianos, pero practicaban muy poco la gracia y el perdón, porque cuando él se desvió de Dios y empezó a vivir como el hijo pródigo, su madre ni quería verle. Un año, para su cumpleaños, ella le envió un pastel y la pistola que su padre había usado para quitarse la vida. Otro año le escribió una carta, diciendo que la vida de una madre es como un banco. "Cada niño que le nace viene al mundo con una cuenta bancaria grande y próspera. Durante los primeros años, el niño solamente hace retiros pero no depósitos."

Entonces la madre de Hemingway explicó específicamente las maneras en que él, como hijo, debía estar depositando en "su cuenta" para que se mantuviera en buen estado: enviándole flores, dulces, pagando todas las cuentas de ella y no desviándose de Dios. Tristemente, Hemingway jamás venció el odio hacia su madre... ¡y tampoco hacia el Salvador de ella!

Quiero aclarar desde el principio que no estamos para apuntar con el dedo y mucho menos juzgar a nuestra madre. La Biblia es muy clara cuando nos manda: *"Honra a tu padre y tu madre..."* Y no agrega: "si son buenas madres". Solo nos manda honrar a nuestros padres, sean como sean. Ampliaremos sobre este asunto más adelante.

Sin embargo, tenemos que ser realistas y reconocer que muchas de nosotras no recibimos de nuestra madre lo que necesitábamos, y por lo tanto, vivimos emocionalmente incapacitadas. El primer paso hacia la sanidad de cualquier área de la vida es entender el problema. Si no enfrentamos la verdad, no seremos mujeres capaces y sanas. Y lo que es más, seremos propensas a volver a cometer los mismos errores con nuestros propios hijos.

No estoy de acuerdo con algunos de los psicólogos modernos que enseñan que la raíz de todos nuestros problemas son nuestros padres, siendo nosotros pobres "víctimas". La Biblia enseña que cada uno, los adultos, somos responsables por nuestro comportamiento. A la vez, no podemos negar que algunas madres fallaron en las áreas más necesarias. Otras hicieron un buen trabajo, dejando solamente unas pocas áreas que requieren ayuda. Si este último es tu caso, da gracias a Dios, porque no tendrás tantas heridas que sanar como otras personas.

El siguiente capítulo te ayudará a identificar el estilo de maternidad de tu propia madre, y luego la clase de madre que ahora eres.

# Capitulo 1

## PREGUNTAS PARA REFLEXIONAR

**1.** ¿La relación con tu mamá, en qué áreas marcó tu estilo de maternidad?

**2.** Los comentarios de la madre de Ernest Hemingway le dañaron para toda la vida. ¿Qué otras clases de comentarios suelen herir a nuestros hijos, sean grandes o chicos?

**3.** Tomando en cuenta cómo fuiste educada ¿qué hábitos quieres seguir conservando como madre? ¿Cuáles quieres cambiar?

**4.** La indisciplina y la rebelión en los hijos ¿son indicadores de que hay "fallas" en tu estilo de maternidad?

**5.** ¿Qué diría tu marido, u otra persona muy cerca de ti, en cuanto a tu relación personal con tu mamá? Si tienes un testimonio de cómo has mejorado la relación con tu madre, comparte.

# 2
## CUALQUIER SIMILITUD A TU MADRE O A TI ¡ES MERA COINCIDENCIA!

**l. Soraya, la madre sobreprotectora**

Soraya es bien conocida entre las maestras y directivos de las escuelas, de su vecinos, y cualquier otra persona con quien sus hijos tengan problemas. Es que Soraya siente que tiene que proteger a sus hijos a capa y espada... cueste lo que cueste, sea por lo que sea.

Cuando Tomasito, su hijo que está en la primaria, trae bajas calificaciones, "es porque el maestro, o es mal maestro, o es injusto o no le está poniendo atención suficiente al niño" ¡o las tres cosas! La directora la conoce muy bien por las muchas veces que ha venido a quejarse de dichos maestros o "compañeros que maltratan a mi hijo" en el transcurso de los años.

Soraya y su esposo también tienen diferencia de opiniones en cuanto a la crianza de los muchachos en el hogar. El les da responsabilidades caseras, pero si ellos por cualquier motivo no las hacen, Soraya secretamente las hace para que no salgan regañados. Después de todo, ¡solo son niños!

Cuando su hijo Benjamín se fue a la universidad, descuidó sus estudios y reprobó una materia, llamó por teléfono a su madre para que ella lo consolara. Cuando su novia le abandonó, otra vez necesitaba que su madre le dijera que después de todo, esta muchacha no era digna de él. Al tomar el carro de un amigo sin permiso, manejaba a alta velocidad y chocó... su madre vino a su rescate y pagó todos los daños sin que él sufriera ninguna consecuencia.

*Amplificación*

Soraya es la clase de madre que protege a sus hijos para que no sufran las consecuencias de sus acciones, pero les está cavando el camino para sufrimiento de otra índole más adelante. Una de las tareas de la madre es enseñar al hijo desde pequeño, que las reglas son parte del mundo real, no únicamente algo de los padres. Si ella no interviene para proteger al hijo, sino que le permite sufrir las consecuencias de haber roto las reglas, sean de la escuela, del trabajo, leyes civiles o leyes de Dios, hará maravillas en su desarrollo y madurez.

Otra tarea de la madre es permitirle, aun animarle, a ser independiente. Su papel es de no estorbar el proceso de aceptar la responsabilidad y madurar. Los padres deben guiar al hijo hacia el momento cuando pueda vivir su propia vida sin depender de ellos. Tal vez esto suena duro desde la perspectiva de la madre, pero es el plan de Dios.

Algunos psicólogos infantiles testifican que tanto la falta de protección como la sobreprotección es dañina. Por supuesto, una madre debe buscar proteger a su niño de los peligros, no obstante, el protegerle demasiado, puede dañar el espíritu de aventura e inspirar un espíritu de temor. El necesita desarrollar su independencia. ¡Es mejor un hueso roto que un espíritu roto!

A veces las madres son como la señora que dijo: "Hijo, no quiero que te metas en el agua hasta que hayas aprendido a nadar." ¿Cómo va a aprender a nadar?

Es imposible subestimar el papel de una madre. Ella recibe gran satisfacción en ser primeramente la fuente de vida y cuidado para su hijo; luego ella es una fuente de sabiduría, amistad, enseñanza, disciplina y muchas otras virtudes. Pero tarde o temprano, este papel tiene que terminarse.

El libro de Génesis dice que el hombre dejará a su madre (y a su padre). La palabra en hebreo "dejar" significa, entre otras cosas, "desatar, librar, abandonar". Esta Escritura está hablando específicamente del matrimonio; y el proceso de dejar o desatarse de su madre es el paso final hacia el ser un adulto. El soltar a su hijo para que se case y forme su propia familia, es sumamente difícil para la madre sobreprotectora.

*Una palabra de precaución.* Existe una área en especial donde la madre debe proteger enérgicamente a sus hijos: en el área sexual. Como consejera y esposa de pastor, he tenido que escuchar a demasiadas mujeres contar historias trágicas de haber sido abusadas sexualmente en su niñez. Un tío, un vecino, un amigo de la familia, un familiar de la amiguita donde fue a pasar la noche, aun el padre… Yo sé que no podemos cuidar a la hija (o hijo) las 24 horas del día, pero ¡tenemos que estar alertas y tomar algunas medidas para que esta tragedia no llegue a nuestra familia!

**Las Consecuencias de una madre sobreprotectora**

Desafortunadamente, el hijo adulto de la madre sobreprotectora no va a saber tomar decisiones propias y será una persona insegura, indecisa y falta de carácter. Desarrollará un fuerte rasgo de dependencia que difícilmente pueda superar. Por ejemplo, María de 35 años, tiene fuertes problemas con su esposo porque cada decisión que tienen que tomar como padres, ella lo consulta con su mamá y si ella no está de acuerdo, María no puede llevarlo a cabo. Llegó el momento en que su esposo le dijo que tenía que decidir entre él y su mamá porque ya no aguantaba esa situación.

Conozco de otro caso, un varón de 40 años de edad, que lleva una relación de noviazgo de varios años, pero no quiere casarse porque teme dejar sola a su mamá y para él, esto representa un acto de ingratitud hacia ella.

En los casos donde la mamá protegió al hijo de sufrir las consecuencias de sus acciones, de adulto, él probablemente seguirá el patrón de echarle la culpa a otros o a las circunstancias por sus problemas.

Otro aspecto de la sobreprotección es el caso de aquellas mujeres solteras adultas, quienes por vivir en casa con sus padres, éstos todavía las quieren tratar y proteger como niñas chiquitas. Por respetar y honrar a sus padres, se someten, pero viven frustradas. Conozco un caso de cierta mujer que ya era una enfermera titulada con responsabilidades fuertes en el departamento de urgencias del hospital – donde aun a veces ella era responsable de tomar decisiones de vida o muerte - pero su mamá no le dio permiso para hacer un viaje misionero un fin de semana porque "necesitaba descansar".

*Mensaje personal*
Si reconoces que tuviste o todavía tienes una madre sobreprotectora, debes saber que es el plan de Dios cortar el "cordón umbilical emocional" y ¡hazlo! Con la ayuda de Dios, puedes vencer tus debilidades. Por ejemplo, si eres una persona insegura, ponte pequeñas metas y al alcanzarlas, poco a poco llegará la seguridad.

¡Tú sí puedes salir adelante por tu propia cuenta! Debes reconocer que Dios tiene un propósito para ti, más allá de simplemente ser una hija de familia. Junto con ese propósito viene la gracia de Dios para cumplirlo. *"Nadie te podrá hacer frente en todos los días de tu vida; ...estaré contigo; no te dejaré, ni te desampararé* (Jos. 1:5).

Si reconoces que tú eres una madre sobreprotectora, pide al Espíritu Santo que te revele el punto de equilibrio entre protección del hijo y promover su independencia. Como veremos más adelante, Dios, el Padre perfecto, no sobreprotege a Sus hijos, sino que les permite vivir las consecuencias de sus acciones.

## 2. Perla, la madre perfeccionista
Perla siempre se ha esmerado en todo lo que hace: "Algo menos que perfecto no es aceptable" es su lema. Y ¡pobres hijos! Son inteligentes pero cuando traen su boleta con cinco 10's y un 9, ya saben qué va a decir su mamá. "¿Qué pasó aquí, hijo? Tienes que mejorar este 9."

Como los hijos tienen que ser los más destacados del círculo de amistades de Perla, ellos desconocen lo que es un rato libre para jugar. O están estudiando, para subir ese 9 a un 10, o Susy está en clases de ballet y Paco en karate, o tomando clases de inglés. Ambos estudian un instrumento musical que requiere muchas horas de práctica en la escuela.

Para Perla, sus hijos son sus "trofeos" y por supuesto, nada menos que el "trofeo de primer lugar" es aceptable.

Otra razón por la que no pueden jugar es que ¡eso puede ensuciar la casa! Las muñecas de Susy son lindos adornos porque Perla insiste en que "si juegas demasiado con ellas, se van a maltratar." Y aunque Paco es un muchacho responsable, su madre no le permite tener un perrito porque "maltrataría el jardín." Perla insiste en que siempre todo esté en su lugar en la casa. Los víveres están guardados en la alacena en orden alfabético y los hijos (y el marido) tienen que limpiar sus zapatos antes de entrar a la casa.

## *Amplificación*

La madre perfeccionista batalla para aceptar que su hijo no es "perfecto" y reacciona en una de dos maneras: Niega la realidad de las fallas del hijo: "Este problema desaparecerá", y como la madre sobreprotectora, ella le echa la culpa a otros: "Las calificaciones bajas no son tu culpa; es la maestra ineficiente."

Si no reacciona así, puede que tenga una actitud de condenación, e inconscientemente retiene su aceptación. Muestra aceptación únicamente cuando el comportamiento del hijo alcanza sus expectativas.

## *Consecuencias de una madre perfeccionista*

Como veremos más adelante, una de las necesidades básicas del niño es la aceptación incondicional de sus padres, y cuando la madre es una perfeccionista, raras veces el hijo se siente aceptado. Un espíritu de excelencia es admirable, algo que debemos inculcar en nuestros hijos; no obstante existe una línea delgada entre la excelencia y el perfeccionismo. Si tienes las normas tan altas que el niño o joven siente que no puede alcanzarlas, vas a quebrantar su espíritu. De adulto, este hijo será una persona insegura.

Un joven dijo: "Yo sentía que casi nunca hacía algo bien. Mi madre me criticaba y me corregía cada vez que intentaba algo porque no lo hacía bien. Yo experimentaba una frustración continua y finalmente terminé con un miedo a emprender cualquier cosa. Si no hubiera sido por una persona que tuvo confianza en mí y me dio un trabajo durante mis años de adolescente, creo que nunca hubiera tenido confianza en mí mismo como para conseguir un buen empleo."

Si tuviste o todavía tienes una madre perfeccionista, probablemente vives en temor de no lograr nada y temor de no agradar a la gente. Temor a que la gente te rechace cuando se da cuenta que no eres perfecta. Algunos se deprimen al encontrar fallas en su vida personal o en su trabajo. Les falta la habilidad de tratar con el fracaso. Algunos viven bajo la ansiedad de no fallar a su madre ni a otros. Aun algunas personas en centros de rehabilitacion testifican que el único tiempo cuando no sienten que tienen que ser "perfectos" es cuando están tomando o drogándose.

Los hijos de estas madres llegan a pensar que cualquier fracaso o falla les hace personas totalmente inaceptables e indignas de valor. ¡Y esto es una carga demasiado dolorosa y pesada con la cual vivir! Entonces, en vez de enfrentar su propia imperfección y en vez de tomar la responsabilidad por sus errores, les es más fácil echarle la culpa a otros, o simplemente negar hechos reales en sus vidas. El camino bíblico es muy diferente: es confesar nuestros pecados y errores, arrepentirnos de todo corazón, luego aceptar el perdón y la gracia de Dios y seguir adelante.

En cuanto a los efectos espirituales, el hijo adulto de una madre perfeccionista muchas veces encuentra difícil sentir la cercanía de

Dios. Se imagina que si Dios le ama, es porque no sabe cuán malo es; y si sabe cómo es él, entonces no le puede amar incondicionalmente. Siempre está tratando de agradar a Dios quien, según él, ¡es difícil de agradar!

### Mensaje Personal

Si tuviste una madre perfeccionista, reconoce que no tienes que ser perfecta para ser amada. Escucha lo que Dios dice en Salmo 103: 11-14: *"Como la altura de los cielos sobre la tierra, engrandeció su misericordia sobre los que le temen. Cuanto está lejos el oriente del occidente, hizo alejar de nosotros nuestras rebeliones. Como el padre se compadece de los hijos, se compadece Jehová de los que le temen. Porque él conoce nuestra condición; se acuerda de que somos polvo".*

Dios te ama incondicionalmente. El no tiene una "boleta de calificaciones" celestial, marcando tus aciertos y tus fracasos. Es más, el esperar la perfección personal ni siquiera va de acuerdo con la Biblia, que dice claramente: "No hay justo, ni aun uno". Es por eso que el Señor Jesucristo vino a la tierra, para demostrar y derramar de la gracia divina y perfecta de Dios, a un mundo imperfecto. No hay peor entorpecimiento para acercarse al Señor que el tratar de ser "lo mejor posible" antes de llegar a él. El se deleita en tomar nuestras vidas quebrantadas e imperfectas y transformarlas en algo bello.

### 3. Aurora, la madre ausente emocionalmente

Desde que su papá dejó la casa, Lalito se ha quedado sin padre y sin madre. Porque su madre siente que algo ha muerto por dentro. No tiene ni fuerzas, ni deseo, ni ánimo para atender a su hijo. El siguiente diálogo es común: Lalito entra a la recámara de su mamá, donde ella, o está dormida o está viendo una telenovela o película de amor desdeñable, y le dice:

- *Mamá, ¡tengo hambre!*

- *Ahorita, no me molestes porque me siento mal. ¡Abrete una lata de sopa!*
- *Pero mamá, ¡siempre te sientes mal!*
- *¡Ya vete y cierra la puerta!*

Lalito no ha perdido sólo a su padre, sino también a su madre.

Hay muchas madres como Aurora, la mamá de Lalito, que físicamente están en la casa, pero no están emocionalmente. Puede ser por el alcoholismo, las drogas, la depresión u otros problemas mentales o emocionales. En otros casos, la madre se ve obligada a dejar su niño pequeño en una guardería todo el día porque tiene que trabajar fuera de la casa.

Sea cual sea la razón, el hijo es dañado cuando no es nutrido emocionalmente por su madre. Muchos de nosotros vimos los reportajes en la televisión sobre los orfanatorios en Rumania cuando fue derrocado el gobierno de Ceausescu en 1989, y cómo los niños se enfermaron mentalmente por falta de atención.

Tristemente, algunas personas se encuentran muy heridas porque tuvieron una madre abusiva y cruel, como el caso de Silvestre que se mencionó al principio. Existen mujeres que tienen un enojo, o una furia adentro y se desquitan con los más indefensos: sus hijos.

**Amplificación**

En los años 40's y 50's había una tremenda fascinación por las grandes estrellas de cine de Hollywood. Mujeres hermosas, vestidas de lujo y enjoyadas, eran las personas más admiradas por el público y de vez en cuando, se tomaban fotos con sus hijos para dar una imagen sana.

Pero cuando esos hijos crecieron, se descubrió una historia muy diferente de esas madres "hermosas y sanas". Muchas de ellas dejaron el cuidado total de sus hijos a nanas. Aunque vivían en la misma casa, posiblemente pasaban de 10 a 15 minutos diarios para saludar a sus hijos. Eran "demasiado" importantes como para dedicarse a la maternidad. La hija de una de estas superestrellas fue abusada sexualmente por uno de los maridos. La hija de otra superestrella, engendrada en una relación ilícita (no se pecaba tan abiertamente como ahora) fue dada a conocer al público como una niña adoptada. Hasta muchos años después, se supo que era una hija natural, aunque la mamá nunca lo admitió. Las mamás fueron famosísimas, pero sus hijos llevan vidas destruidas y frustradas.

### Consecuencias de una madre ausente emocionalmente

Siendo que uno de los papeles principales de la madre es el de nutrir, de amar y aceptar, si todo esto está ausente, el hijo crecerá con un sentir de rechazo. Y de todas las heridas que un niño puede sufrir, creo que ésta es la más dañina porque las consecuencias son trascendentales. Hago esta afirmación basada en muchos años de ministrar a una multitud de mujeres de diferentes culturas y naciones. A menos que una persona haya sido sanada por el poder de Dios, el espíritu de rechazo afectará su matrimonio y todas sus relaciones interpersonales. Seguramente afectará la manera en que cría a sus propios hijos, y el patrón del rechazo continuará de generación a generación, trayendo terrible destrucción. ¡Pero hay esperanza! Más adelante, hablaremos de cómo recibir sanidad de esta herida emocional.

### Mensaje Personal

Si tu madre estuvo ausente emocionalmente, debes entender que en la mayoría de los casos, fue una situación fuera de su control. Si sufría de depresión u otra enfermedad emocional o mental, si se vio obligada a trabajar fuera de la casa y dejarte con otras personas, o si ella nunca aprendió a expresar afecto de su propia madre, debe ser más fácil aceptar, puesto que hasta cierto punto ella fue víctima también. Más adelante hablaremos de cómo apropiarte del amor de Dios y de otras fuentes de amor humano para llenar el vacío emocional.

## 4. Dora, la madre dominante, controladora

Dora y su esposo provienen de familias obreras, pero ambos, con muchos esfuerzos, lograron graduarse de la facultad de leyes. Poco a poco han logrado una norma de vida muy diferente a la que tuvieron en su niñez. Y ahora, Dora tiene una idea muy exacta de cómo quiere que sean sus hijos, para que "no se pierda lo ganado." ¡Y se encarga de que cumplan sus expectativas al pie de la letra!

Cuando su hijo Mario le informó que quería ser veterinario, ¡Dora casi tuvo un infarto! "¿Cuidar animales cuando vienes de una familia de abogados? ¡Jamás! ¡Me vas a poner en verguenza! Si decides estudiar eso, ¡tendrá que ser en otra ciudad donde no nos conozcan!"

Mario ha entendido el mensaje; y aunque las leyes para nada le interesan, ya hizo su solicitud para ingresar a la facultad.

### *Amplificación*

Un papel importante de cada madre es de nutrir y proveer seguridad al niño. Sin embargo, después de que ella hace esto, su siguiente tarea es ayudar al hijo a desarrollar su individualidad. Fuimos diseñados por Dios para tener nuestra propia identidad. Para que un hijo se desarrolle sanamente, la madre necesita permitirle cultivar su independencia y afirmación de la voluntad.

Durante la niñez y la adolescencia, el niño empieza a experimentar lo que llamamos la voluntad. En algunos niños, es especialmente marcado, de modo que son llamados "de carácter fuerte". Otros son menos fuertes, pero todo el mundo tiene su propia voluntad.

Cuando una madre tiene un espíritu de control y no permite al hijo independizarse, utiliza la manipulación para lograr sus propósitos. Y existen varias maneras:

*(1) Culpa*

Una de las formas más poderosas que las madres usan para controlar es la culpa. "Me vas a herir si haces tal o cual cosa." Para el niño, herir a su madre es algo que no soporta. Y la culpabilidad a veces se queda con el hijo aun después de ser adulto.

Una amiga me contó la historia de cómo su suegra controla la vida de su esposo, Gerardo. A pesar de que esta madre tiene su propio negocio y tiene un esposo quien trabaja. En cierta ocasión, le dijo: "Hijo, ¡cómo necesito un mejor automóvil! Tus hermanos no quieren ayudarme. ¿No puedes darme dinero para comprar otro carro?" Esto hizo sentir a Gerardo impotente y culpable por no poder ayudarla. Entonces Gerardo consiguió un segundo trabajo para poder proveer mejor para su madre. Mi amiga me dice: "Los niños casi no ven a su padre porque ya están dormidos cuando él llega en la noche. Veo que mi suegra está controlando la vida de su hijo utilizando la culpabilidad."

*(2) Retener el amor*

Otras madres, en vez de usar la culpabilidad, utilizan un mensaje silencioso que dice, "Si no haces lo que quiero, no te seguiré amando." Para un joven llamado Enrique con una madre controladora, el colmo llegó cuando él decidió asistir a una escuela superior diferente a la que ella había escogido. Por un año, ella no le habló. Algunos padres retienen el apoyo financiero u otros beneficios.

*(3) Enojo*

Algunas madres controlan al hijo por medio de la ira. Se ponen furiosas si el hijo no está de acuerdo. Son capaces de controlar a gritos y hasta usar la violencia. Como un niño no soporta el enojo de su madre, se somete pero vive atemorizado. Muchas veces crece dentro de él una rebeldía que tarde o temprano explota. A menudo la madre enojona es también impositiva: "¡Se hace porque yo digo!"

## *Las Consecuencias de una Madre Controladora*

Samuel tenía 36 años y quería casarse. Se había enamorado varias veces de buenas mujeres, pero cada vez que se acercaba al matrimonio, él se sentía "sofocado" y rompía la relación. Había tenido una madre dominante e inconcientemente, él temía al compromiso.

En otros casos, la persona que ha tenido una madre controladora, tiene problemas en decir "No". Puesto que había conflictos cada vez que expresaba una opinion diferente a su madre, ahora teme las consecuencias negativas si dice "No" a cualquier persona que ama.

Tendemos a repetir los mismos patrones que aprendimos con nuestra madre, así que si tu madre usaba la culpa, el enojo o la manipulación para controlarte, probablemente tú harás lo mismo... a menos que en el Nombre de Jesús rompas el patrón y pidas al Señor que te cambie.

El control excesivo genera intimidación y a veces humillación interna, con mucho resentimiento, pero con la incapacidad para manifestarlo, lo cual atrapa a la persona en sentimientos encontrados consigo misma. Se siente culpable de lo que siente o hace, pero por lo general no tiene la voluntad para decir no.

Tengo que reconocer que mi propia madre era dominante en algunas áreas. Durante mi juventud, tuvimos muchas discusiones porque yo también era de carácter fuerte y cuando no estaba de acuerdo con sus opiniones, lo expresaba. Aun después de casarme, mi madre expresaba sus opiniones, contrarias a las de mi esposo, sobre mi corte de pelo y otros asuntos personales. A veces discutiamos fuertemente cuando yo no estaba de acuerdo con ella.

Tengo dos hermanos y uno de ellos discutía frecuentemente con mi madre porque ella quería controlar áreas personales de su vida, como su elección de ropa y cómo administraba el dinero. No recuerdo a mi otro hermano discutiendo nunca con mi madre porque él tiene un temperamento mucho más tranquilo. Por lo tanto, de los tres hijos, él siempre se llevaba mejor con mi madre. En vez de discutir con ella, simplemente la escuchaba pero luego tomaba su propia decisión. De modo que, el temperamento de uno tiene mucho que ver con la forma en que responde al carácter de la madre.

***Mensaje Personal***

No hay nada más frustrante que el pasarse la vida tratando de agradar a personas difíciles de agradar. Y si tuviste o tienes una madre así, probablemente a menudo sientes que estás "entre la espada y la pared". Pero el Señor tiene una palabra libertadora para ti: El dice que tenemos que "agradar a Dios antes que a los hombres." El tiene una voluntad perfecta para tu vida y la de tu familia, y lo que es más, El conoce tus limitaciones.

Tengo una sugerencia: si sientes que tu vida está totalmente fuera de control, que es un constante estire y afloje, agradando a todo el mundo, regálate un par de horas para sentarte, pluma y cuaderno en mano, y haz una evaluación de todas tus actividades. ¿Cuáles cosas haces porque son parte imprescindible de tu responsabilidad como hija, esposa, madre e hija de Dios? ¿Cuáles cosas disfrutas y te enriquecen? ¿Cuáles cosas haces solo para agradar a otros, para "quedar bien" o porque no te animas a decir "no"? ¿Cuánto tiempo dedicas para ti sola por semana? Pide dirección a Dios sobre las prioridades en tu vida, luego empieza a decir "no", o "no tan frecuentemente".

Recuerda: Jesús nos manda amar a nuestro prójimo como a nosotros mismos; es decir, si continuamente nos negamos a nosotras mismas, si nunca nos amamos ni nos dejamos amar, estaremos fuera de la voluntad de Dios y privándonos de su bendición. ¡Armate de valor para vivir como El quiere, no como los demás quieren!

## 5. Conchis, la madre Consentidora

Conchis ha leído todos los libros sobre psicología moderna en cuanto a la crianza de los hijos, la cual le ha enseñado que lo más importante es permitir a los niños "ser". Y una de las peores cosas que uno puede hacer es castigar al hijo corporalmente porque "¡eso es enseñar a los niños a resolver los problemas con violencia!"

Su hijo Paquito, de edad preescolar, es el "terror" de toda la familia. ¡Ni siquiera los abuelitos lo quieren cuidar porque simple y sencillamente no entiende la palabra "no"! Controla la situación con sus berrinches, destruye lo que hay a su alcance y muerde a los primitos. Pero ¿castigarlo? ¡Nunca! Conchis sólo trata de "dialogar" con él.

Y así crece Paquito: sin freno, sin disciplina, porque Conchis aprendió que para tener un hijo feliz, se le debe dar todo lo que quiere para no frustrarlo y permitir que haga lo que quiera, para no limitar su libertad de expresión.

*Amplificación*
Conchis, juntamente con muchas madres, cree las siguientes *"mentiras" acerca de la crianza de los hijos:*

*#1 Evita confrontación directa con el niño, poniendo la carga de la disciplina sobre terceras personas: "Juanito, la Sra. Richards (la anfitriona) te enviará a casa si haces eso." O peor: "Diosito te va a castigar si no te portas bien."*

*#2 Cada niño, si está haciendo pucheros, haciendo berrinches o llorando porque recién fue disciplinado, necesita un dulce…¡y rápido!*

*#3 Siempre guarda dulces en la bolsa para controlar al niño.*

*#4 Es culpa del niño si no se porta bien, no la responsabilidad de la madre de enseñar y disciplinarle. "No quiere", dice la madre y así termina el asunto.*

#5 Es un pecado cultural hacer al niño llorar o sentirse infeliz. La felicidad inmediata es más importante que las metas de largo plazo.

***Consecuencias de una madre consentidora***

Una consecuencia de la falta de disciplina es que produce hijos rebeldes que batallan con figuras de autoridad, sean en el hogar, en la iglesia, en el trabajo o en el gobierno.

Otra consecuencia de un niño consentido, es que forma un sentimiento de ser merecedor de todo, sin reconocer que él tiene que esforzarse por obtener aquello que pide. Una persona que vive sin disciplina se vuelve una persona egocéntrica, creyendo que el mundo tiene que girar alrededor de ella, por lo que difícilmente tendrá amistades. Vivirá en frustración también al ver que no todo el mundo tiene la misma disposición para cumplir la voluntad de ella. Llegará a ver a las personas con diferencias de opinión como enemigos en vez de respetar las diferencias, haciendo "berrinches" aun de adulta. Y para colmo, esos berrinches sólo servirán para alejar a la gente, en vez de lograr su propósito.

También a veces se nota en un adulto que fue consentido de niño, la falta de "freno" interior, lo cual puede manifestarse en deudas excesivas e innecesarias, casa desarreglada e hijos descuidados. A veces surgen también indisciplina en áreas de su vida personal, como descuidar su salud, su alimentación, sus estudios, etc.

Por años he escuchado a mujeres decir que nosotras, las madres, fomentamos el machismo, y estoy de acuerdo. Cuando una madre consiente a sus hijos varones de tal forma que sus hermanas (o su madre) siempre les sirven, ella está perpetuando la mentira que la mujer existe básicamente para servir al varón. ¡En el hogar es donde podemos cambiar esta mentalidad tan destructiva!

*Mensaje Personal*
Si reconoces que tu madre fue consentidora, no es demasiado tarde para que tú aprendas la autodisciplina y obediencia a las autoridades en tu vida, aunque no será tan fácil como adulta. Necesitas reconocer que la sumisión a las autoridades legítimas es el plan de Dios. Trae orden a las familias, a la iglesia y a la sociedad.

A la vez, tendrás que aprender a discernir entre placer momentáneo y felicidad duradera, especialmente en el área sexual, en la alimentación y en el manejo del dinero.

Tengo una amiga que llamaré Anita que me ha contado cómo su madre era tan eficiente y perfeccionista en cuanto al cuidado de la casa, además de tener una sirvienta durante varios años, que nunca le enseñaba ni le hizo responsable para ayudar con las tareas de la casa. Ella dice: "Como consecuencia, mis primeros años como ama de casa fueron un desastre. ¡Simplemente no tenía disciplina! Aunque suene como algo muy espiritual para algo tan práctico, lo vencí a través de la oración. Poco a poco, orando y "haciendo", Dios me ayudó a cambiar y ya mi casa ha cambiado. Aunque nunca seré alguien que logre que sus pisos parezcan espejo, mi casa es un lugar agradable y atractivo."

San Pablo escribió: *"Todo lo puedo en Cristo que me fortalece"* (Fil. 4:13). Si tú estás batallando con la falta de autodisciplina en alguna área de tu vida, apropiate de esta declaración. ¡Porque no hay nada imposible al que cree!

### 6. Thelma, la madre temerosa

Cuando Thelma, la temerosa, tenía doce años, mataron accidentalmente a su papá con una "bala perdida" en año nuevo. Desde entonces el temor a todo y a todos dominaba su personalidad. Y ya de mamá sus hijos están sufriendo las consecuencias.

Thelma nunca lleva a Pepe y a Carla a un parque porque "uno nunca sabe qué clase de gente anda allí." Tal vez, les pueda morder un animal. Tampoco saben lo que es ir a jugar a la casa de amigos, porque "¿qué si alguien está enfermo y se contagian?" También ella se preocupa que pueda haber accidentes, por eso si ella no los puede acompañar personalmente, ¡ni siquiera pueden participar en las excursiones de la escuela o la iglesia!

En otros aspectos es también temerosa. Sus hijos solo tienen que toser una vez e inmediatamente los lleva con el pediatra. No pueden comer helado porque "se enferman de la garganta". Thelma desconfía de todo y de todos; para ella, su mayor propósito en la vida es proteger a sus hijos, para que "nada ni nadie" les haga daño.

*Amplificación*

Algunas expresiones de la madre temerosa son:
"Hijito, no salgas a jugar con la tierra, te puedes enfermar."
"No salgas afuera, el sol te puede causar cáncer de piel."
"No te bañes más de una vez a la semana; se te baja el calcio."
"No brinques porque te puedes quebrar el brazo."

El desarrollo de los hijos de una madre temerosa se ve afectado porque no se les permite "aventurar." Y como no han aventurado en el mundo, tardan para lograr independencia y madurez.

*Consecuencias de una madre temerosa*

Las madres extremadamente temerosas casi siempre traspasan su temor a los hijos. Por ejemplo, tengo una amiga llamada Carla que me contó lo siguiente: "Mi madre era una persona temerosísima a los dentistas. Ella era una persona muy autodisciplinada, así que era fiel a sus citas, pero antes de ir con el dentista, externaba su temor a toda la familia. De hecho, siempre tomaba tranquilizantes para poder sobrellevar el tiempo.

"Este temor me lo pasó a mí, pero por no ser tan disciplinada como ella, yo sí aplazaba el tiempo de ir con el dentista hasta que estaba en un grito de dolor, con infecciones fuertes. A raíz de este descuido, prácticamente me he quedado sin muelas."

Otra amiga, llamada Alicia, tenía una madre que siempre expresaba temor de que ella entrara en una relación con un mal hombre. Varias de sus primas quedaron embarazadas antes del matrimonio, y su madre continuamente le decía: "Ten cuidado con los hombres, todos son unos aprovechados y quieren 'una sola cosa'." Alicia comenta: "Mi madre tenía tantos 'tabúes' que hasta implicaba pecado que siquiera nos tomáramos de la mano en un noviazgo. Como consecuencia, yo llegué a ser muy reacia y desconfiada con los hombres; nunca pude tener un novio sin sentir culpa." Ahora Alicia tiene 38 años y aun no se ha casado, a pesar de desearlo y de ser una chica muy bonita con un carácter muy agradable.

Mi propia madre tenía mucho temor del agua y yo "heredé" ese mismo temor. Como adolescente, cuando en grupo íbamos a una alberca, mi madre me advertía un sinnúmero de veces de tener cuidado y no ahogarme. Y cuando en algunas ocasiones se nos presentó la oportunidad de subir a una lancha, ¡a mi madre casi le daba un infarto! De modo que, hasta la fecha no me gusta tampoco subirme a una lancha – aun y cuando unos queridos amigos de Cabo San Lucas y de Cozumel, se ofrecen a pasearnos gratuitamente. Finalmente, aprendí a nadar, muchos años después de casarme, gracias a la instrucción de mi esposo, pero aun prefiero quedarme en el lado de la alberca donde el agua no es profunda.

El temor afecta de otras maneras también. Cristina temía a la confrontación. Cuando su hijo Esteban estaba teniendo problemas en la escuela primaria con un maestro que se burlaba abiertamente de él por ser cristiano y por ser más tierno de carácter que los demás niños, Cristina sabía que tenía que confrontar la situación. Pero antes de por fin hacerlo, el temor le provocó una úlcera gástrica.

*Mensaje Personal*
   Si tuviste una madre temerosa y has heredado algunos de sus temores, recuerda lo que la Biblia nos dice: "Porque no nos ha dado Dios espíritu de cobardía (temor}..." 2 Tim. 1:7. En el Señor, ¡tú puedes vencer! ¿Cuáles son tus temores? Entrégalos a Jesús, confiando en su cuidado y su amor. La Escritura: *"El perfecto amor echa fuera el temor"* I Jn. 4:18, contiene una gran verdad. A la vez, toma autoridad sobre el espíritu de temor, atándolo en el Nombre de Jesús. ¡Aprende a orar enérgicamente por protección de los tuyos!

**7. Zulema, la madre "sufrida"**
   El esposo de doña Zulema, "la sufrida", era alcóholico, de modo que ella tuvo que sacar adelante a sus tres hijos sola. Ellos agradecen el sacrificio y la dedicación de su madre...pero le agradecerían mucho más si ella no les recordara tanto lo de su papá. "Adrianita, tú eres la única hija, y viendo a tu padre, ya sabes cómo son los hombres. ¡Son unos irresponsables! Tú me entiendes. ¡Tener marido es sufrir! Espero que lo pienses dos veces antes de casarte. Mejor, ¡deberías quedarte conmigo! Lo que más temo es morir en total soledad. ¡Y después de todo lo que he hecho por mi familia!"

   A su hijo Gustavo, doña Zulema le dice: "Cuando me embaracé de ti, por algún motivo mi tiroides se descompuso y desde entonces he estado sube y sube de peso y he perdido mi atractivo físico. Fue entonces que tu padre empezó a entenderse con otras mujeres. Claro, tú no puedes hacer nada por el pasado pero solo quiero que sepas lo que me has costado y que nunca lo olvides. Ya cuando necesite un dinerito para mis medicinas, espero que pueda contar contigo."

   El menor es Pedrito: "¡Jamás esperé tener otro hijo! La verdad es que tu papá me obligó una noche cuando estaba tomado. Le tuve miedo y accedí. Fue una gran carga para mí saber que tendría otro hijo cuando tu papá y yo andábamos tan mal, pero ¡has resultado una alegría para mí! ¡Qué bueno que te tengo! Ahora tus hermanos más grandes están estudiando sus carreras y ocupados con sus noviazgos, sé que puedo contar contigo en estos años difíciles en que ¡todos se han olvidado de mí!"

**Amplificación**
Algunas frases comunes de la madre "sufrida" son:
"No pude terminar mi carrera cuando tú naciste porque me dediqué a criarte."
"Tu papá no me hace caso, tus hermanos son malagradecidos, nadie viene a verme."
"Estoy enferma y a nadie le importa."
"Hace 30 años tu padre me engañó y he sufrido como no te imaginas."
"Dentro de poco me voy a morir, entonces tú tendrás mucho tiempo para pasar con tu esposa. ¿Por qué no vienes más seguido a verme? Pero por favor, ven solo; esa mujer no me quiere."

Aunque he usado la palabra "sufrida" para describir esta madre, a la vez ella es una manipuladora, porque utliza sus sufrimientos – los reales e imaginarios – para manipular a los hijos.

**Consecuencias de una madre "sufrida", manipuladora**
A veces el resultado de esta clase de madre son hijos que viven con la culpabilidad por no haber hecho más por su madre. Muchas personas llevan un sentido de responsabilidad falso toda la vida. En otros casos, resulta en hijos rebeldes que tienen resentimiento o rencor contra su mamá.

Los hijos son más propensos a tener matrimonios infelices a causa de los conflictos familiares. Por un lado, le siguen la corriente a su mamá; pero por otro lado, sienten culpa para con su propia familia porque se dan cuenta que "no se dan abasto". Se sienten confundidos por las recriminaciones de su cónyuge. Sufren gastritis, colitis, dolores de cabeza, y otras enfermedades.

*Mensaje Personal*

Si tuviste o todavía tienes una madre "sufrida" o manipuladora, necesitas reconocer que cada uno – incluyendo a tu mamá – somos responsables por nuestras propias decisiones y que tú no eres responsable ni culpable por las cosas que ella sufrió. Rechaza la autocondenación. Esto no es deshonrar a tu madre, es solamente aceptar la verdad. Si no lo haces, sufrirás toda la vida y no serás una persona emocionalmente sana, ¡y tus hijos pagarán el precio!

## 8. Paulina, la madre pasiva

Paulina, una madre pasiva, no sabía tomar decisiones y se dejaba insultar y menospreciar por su esposo. Cuando sus hijos necesitaban zapatos, ella no le pedía dinero, y cuando había problemas con sus hijos en la escuela, ella nunca se presentaba para hablar con el maestro porque no quería involucrarse en ninguna confrontación. Siempre se mantenía al margen.

Cuando el padre disciplinaba a los hijos con castigo corporal excesivo y llegaba a golpearlos brutalmente, Paulina no hacía nada por defenderlos. Susana, la hija mayor tenía que poner a estudiar a sus hermanos, tenía que decirles que recogieran su ropa, que se acostaran; en fin, ella casi asumía el papel de la madre.

Susana, ya adulta, dice: "Desde pequeña empecé a odiar a mi papá por ser injusto. Yo siempre deseaba que mi mamá se defendiera porque yo no podía hacerlo. Al ver que ella no se defendía, empezó a crecer en mí un enojo contra ella. Cuando era adolescente, me rebelé y entonces yo le decía a mi papá 'sus verdades'.

"Todo esto resultó en que yo odiara el matrimonio y lo viera como algo sin sentido, trayéndome solo problemas. En algunos de mis hermanos provocó tanta pasividad que no podían terminar con nada de lo que empezaban; actuaban igual que mi mamá, o al contrario, completamente rebeldes, aun ya casados."

*Amplificación*

Aunque las consecuencias son tristes y devastadoras en la clase de pasividad ya mencionada, sin embargo, existe otra clase de pasividad y las consecuencias son aun más devastadoras. ¡Es la pasividad espiritual!

Cuando Laura era niña no había nada que la desesperara más que el tener que asistir cada semana a una reunión religiosa. Implicaba estar quieta por una hora sin abrir la boca ni moverse para nada, y escuchar a alguien hablar a quien no entendía para nada.

Además, Laura sentía que en su familia "la religión" era una hipocresía. Su papá y su mamá ponían su mejor ropa y su mejor cara para asistir a esta actividad dominical, y ambos eran reconocidos por sus fuertes contribuciones económicas, pero tan pronto se alejaban de la iglesia, todo cambiaba. Sus padres se peleaban como perros y gatos entre sí, y en la abarrotera de la cual eran dueños tenían fama de ser tacaños con los clientes, abusivos con los empleados y ladrones para con los proveedores.

Así que Laura se formó una actitud en cuanto a la religión: realmente no sirve para nada; es una actividad social y cultural para aquellos que tienen tiempo para ello. Por eso, ella y su esposo determinaron no "imponerles" a sus hijos la religión. "Es mejor permitirles que ellos decidan cuando sean grandes," es lo que dice Laura. Los domingos es más bien día de dormir tarde, ir juntos al cine y a un buen buffet de almuerzo. Después de todo, ¿cuándo más vamos a tener tiempo para estar con ellos?

El caso de Luisa es diferente. Ella sí disfrutó el ir a la iglesia de niña. Es más, se destacó en aprender muchas historias y versículos bíblicos. De joven, se involucraba con el grupo de jóvenes. Sin embargo, cuando se casó con un hombre espiritualmente apático, la fe de Luisa se fue enfriando y ella llegó a ser espiritualmente pasiva. Cuando llegaron los hijos había nuevas distracciones y más trabajo. Ambos reconocen que ir a la iglesia "es algo bueno" para los hijos, y procuran llevarlos cuando menos dos veces al mes, siempre y cuando no interfiera con un programa especial en la televisión o no estén demasiado cansados. Pero la realidad es que sus hijos están creciendo sin Dios.

Aunque ambos son casos diferentes, tanto Laura como Luisa, con su apatía y pasividad en las cosas espirituales, están dejando un vacío en sus hijos. Un terrible vacío ¡que nada, ni nadie va a poder llenar!

## *Consecuencias de la madre pasiva*

Los hijos de una madre pasiva probablemente tendrán problemas con la inestabilidad emocional. Ellos no sabrán cómo enfrentar y solucionar problemas porque nunca lo vieron en su madre. Cuando existe abuso sexual, las madres pasivas prefieren llamar a la niña (o niño) "mentirosa" en vez de defenderle y enfrentar la situación difícil, lo cual provoca consecuencias devastadoras.

Doy gracias a Dios que mi madre no fue pasiva en cuanto a las cosas de Dios. Ella fue enérgica en llevarme a mí y mis dos hermanos a la iglesia donde recibimos instrucción acerca de la Palabra de Dios. A pesar de que en nuestra agrupación no entendíamos muchas cosas importantes sobre la obra del Espíritu Santo, sin embargo, aprendí el temor a Dios y un respeto por su Palabra que me ha beneficiado toda la vida. Y no fue "una religión" que solo se practicaba los domingos. Mis padres vivían diariamente, al nivel de su entendimiento, las Sagradas Escrituras.

## *Mensaje Personal*

Hayas tenido o no una madre que te inculcaba la importancia de las cosas de Dios, ahora como adulta, tú eres responsable por tu propias decisiones y acciones. Tú tienes la oportunidad de tener más que una religión, puedes tener una relación personal con Dios a través de su Hijo Jesús. Si nunca has comenzado esta relación, en la siguiente sección del libro aprenderás cómo hacerlo, y en la penúltima sección aprenderás cómo encaminar a tus propios hijos en los caminos de Dios.

## Capítulo 2

(Debido a lo largo de este capítulo se sugiere que se divida en 2 ó 3 partes cuando se usa como curso en un grupo.)

### PREGUNTAS PARA REFLEXIONAR

#### La madre Sobreprotectora

1. ¿Conoces a alguna madre así? ¿O te identificas con este personaje tu misma?
2. Aparte del área sexual ¿puedes pensar en otras áreas en las que los hijos necesitan protección especial?
3. ¿Tienes algún testimonio de cómo lograste la victoria, ya sea como madre sobreprotectora o como hija sobreprotegida?

#### La madre perfeccionista

1. ¿Existen áreas en que reconoces que has sido demasiado exigente con tus hijos?
2. ¿Cuál sería la diferencia entre una madre de excelencia y ser perfeccionista?

#### La madre ausente emocionalmente

1. Por alguna etapa difícil que estuvieron pasando, ¿reconoces que fuiste madre ausente emocionalmente por un tiempo? ¿Qué has hecho para remediar posibles daños a tus hijos?
2. Si tuviste una madre ausente emocionalmente durante parte de tu niñez ¿crees que la has perdonado? ¿Sientes que has sanado interiormente?

#### La madre controladora

1. ¿Tienes un testimonio de haber vencido el ser una madre controladora o de haber vencido el rencor o enojo contra tu propia madre por ser dominante?
2. ¿Cómo puede uno librarse del espíritu de control de su madre sin dejar de honrarle?

### La madre consentidora

**1.** ¿Has batallado con la falta de disciplina en tu vida por no haberla aprendido de niña? ¿Has superado alguna área en la cual antes eras indisciplinada? ¿Cómo?

**2.** ¿Eres culpable de creer alguna de las "cinco mentiras" acerca de la crianza de los hijos? ¿Qué estás haciendo para remediar la situación?

### La madre temerosa

**1.** ¿Padeces de algún temor que no has podido vencer? ¿Cuáles son algunas citas bíblicas que te pueden ayudar?

**2.** ¿Conoces las consecuencias que pueden sufrir los hijos debido al temor de una madre? ¿Cuáles?

### La madre sufrida

**1.** Cuando uno siempre está cerca de alguien que "disfruta el pozo", a veces es difícil "no caer adentro con ella". ¿De qué manera podemos mantenernos emocionalmente sanas, si tenemos que tratar continuamente con personas como éstas? Por otro lado, ¿qué pasos podemos tomar para persuadirlas para que salgan adelante?

**2.** ¿Por qué hay personas que prefieren vivir toda la vida como víctimas, en vez de salir adelante en victoria? ¿Tienes un testimonio de cuando tú decidiste que querías superar algo de tu pasado?

### La madre pasiva

**1.** Sé totalmente honesta contigo misma (no tienes que compartir tu respuesta con las demás): ¿A qué le das mayor importancia con tus propios hijos... su educación secular, o su educación espiritual? ¿A que ellos estén contentos, aunque implique que participen en cosas en las que tú sabes que no van de acuerdo con Dios, o encaminarlos a una vida santa?

**2.** ¿Esta lección te desafió a ser una madre más enérgica en alguna área? ¿Cuál?

# 3
## NUESTRO PADRE PERFECTO

Ya que hemos identificado algunas de las clases de madres que existen, probablemente tu mente se ha llenado con las memorias de tu niñez: algunas placenteras y otras dolorosas. Y estás preguntándote: *"¿y ahora qué hago?"* No puedes cambiar tu pasado, pero sí puedes cambiar tu presente y futuro. ¿Cómo? Para comenzar, vamos a ver como Dios, nuestro Padre Perfecto, puede suplir todas las necesidades básicas de un ser humano.

Como hemos dicho desde el principio, no existen madres perfectas. Tú y yo hemos cometido errores con nuestros hijos, así como nuestras propias madres. Sin embargo, tenemos un Padre Celestial maravilloso quien desea suplir cada una de nuestras necesidades, tanto físicas como emocionales. El rey David, del Antiguo Testamento, escribió algo sencillo pero profundo: *"Aun si mi madre y mi padre me dejaran, con todo, el Señor me recogerá"* Sal. 27:10.

Uno de los nombres de Dios es El Shaddai, el cual aparece cuarenta y ocho veces en el Antiguo Testamento y es traducido como "Todopoderoso". Es una palabra hebrea con dos partes: Shad, que significa "uno que sustenta, que nutre, una madre que da pecho" y Dai, que significa "un guerrero fuerte".

Es fácil para nosotros pensar en Dios como guerrero fuerte y con características masculinas, pero ¿Dios con características femeninas? Sin embargo, fijémonos en las siguientes palabras del primer libro de la Biblia: *"Y Dios creó al hombre a su imagen, a imagen de Dios lo creó; varón y hembra los creó"*. (Génesis 1:127) "A su imagen...varón y hembra." ¡Se requiere tanto del varón como de la hembra para expresar el carácter de Dios! El es Shad (femenino) y Dai (masculino): ternura de una madre y fuerza de un padre.

Para que nos impacte que Dios es El Shaddai, nuestro padre y madre, consideraremos cómo El suple todas nuestras necesidades: físicas, emocionales y espirituales.

### *1. El es nuestro proveedor*

Después de haber creado a Adán y Eva, y darles dominio sobre la naturaleza, Dios dijo: *"He aquí que os he dado toda planta que da semilla, que está sobre la tierra, y todo árbol que en él hay fruto y que da semilla; os serán para comer"* (Gén. 1:29).

Este versículo deja claro que Dios proveyó a sus hijos según sus necesidades. Además, uno de los nombres de Dios es Yahweh Yirah, nuestro proveedor. *"Y llamó Abraham aquel lugar, Jehová (Yavé) proveerá"* Gén. 22:14. En el Nuevo Testamento, Pablo dice: *"Mi Dios, pues, suplirá todas vuestras necesidades, conforme a sus riquezas en gloria en Cristo Jesús"* (Fil. 4:19).

En un mundo lleno de inseguridad, miseria y escasez, no hay nada que nos edifique tanto como el saber que el Altísimo, el Creador del Universo, es nuestro Proveedor y que ¡jamás hay crisis o bancarrota en el cielo!

### *2. El consuela y nutre*

Una buena madre consuela y nutre a sus hijos; sin embargo, algunas personas no recibieron de su madre lo que necesitaban, o porque ella no supo expresar afecto o porque ella fue demasiado encerrada con sus propios problemas. Que tremendo saber que el Padre Celestial es nuestro Sustentador y que ¡nos consuela y nutre como una madre que amamanta a su pequeño!

Tengo una amiga que pasó por un tiempo largo de abuso emocional de parte de su marido. Aunque ella sufría desilusión y terrible dolor de corazón en cuanto a su matrimonio, testifica que durante esta época, experimentó la compañía y la presencia de Dios como nunca antes en su vida. Aunque su esposo no la abrazaba, su Padre Celestial sí la abrazó y la consoló.

La Escritura nos dice que Dios es el gran Consolador: *"Bendito sea el Dios y Padre de nuestro Señor Jesucristo, Padre de misericordias y Dios de toda consolación, el cual nos consuela en todas nuestras tribulaciones, para que podamos también nosotros consolar a los que están en cualquier tribulación, por medio de la consolación con que nosotros somos consolados por Dios"* 2 Co. 1:3,4.

Hablando de sí mismo en el papel femenino, dice: *"Como aquel a quien consuela su madre, así os consolaré yo a vosotros"* Isa. 66:13. Jesús dijo: *"Jerusalén, Jerusalén, cuantas veces quise juntar a tus hijos, como la gallina junta sus polluelos debajo de las alas y no quisiste."*

Cuántos casos existen de personas que han experimentado gran dolor, tal vez la muerte de un hijo, y testifican del consuelo sobrenatural que recibieron de parte de Dios. Recuerdo que hace pocos años, unos misioneros en Africa nos visitaron, y algunas semanas después de estar en México, su hijo de 23 años de edad murió trágicamente en un accidente de avioneta. Pero lo que nos impresionó era lo que ellos testificaron en una carta: que el consuelo sobrenatural de Dios les había envuelto. No quiero decir que no había tristeza, sino que en medio de la tristeza, los brazos eternos de Dios les habían sostenido.

Si en este momento tú estás pasando por una tristeza, un dolor en la vida, tal vez la muerte de un ser amado, la muerte de un sueño o la muerte de tu matrimonio, acércate a El Shaddai y El te dará consuelo sobrenatural. Como el niño asustado llora hasta que encuentra consuelo en los brazos de su mamá, así nuestro Padre Celestial nos consuela con Sus brazos. Aunque no lo puedas ver, El no está lejos. Está cerca de ti, esperando para bendecirte. Extiende tu mano hacia El y permite que El bese las lágrimas de tu rostro. Permite que acaricie tu cabeza y te sostenga en sus brazos. *"El eterno Dios es tu refugio, y acá abajo los brazos eternos"* Deut.33:27.

## 3. El provee seguridad y confianza

No nacimos con la habilidad de confiar en otros, lo aprendemos primeramente de nuestras madres. Por el hecho de que siempre estaba allí emocionalmente, aprendimos que podíamos depender de ella y esto cultivaba en nosotras la habilidad de confiar en otros. Sin embargo, por ser humana, aun la mejor madre a veces falla, y otras fallan terriblemente. Pero al conocer a El Shaddai, nos damos cuenta que El es totalmente confiable, que El nunca nos va a traicionar y que podemos derramar nuestro corazón en El con toda confianza.

Puede ser que en tu niñez tuviste experiencias de trauma o temor, o sencillamente tus padres no supieron darte un cimiento de seguridad. Sin embargo, escucha lo que tu Padre Celestial te promete:

*"Mis ovejas oyen mi voz y las conozco y me siguen, y yo les doy vida eterna; y no perecerán jamás, ni nadie las arrebatará de mi mano"* (Jn. 10:27,28).

*"Si me amáis, guardad mis mandamientos. Y yo rogaré al Padre, y os dará otro Consolador, para que esté con vosotros para siempre"* (Jn. 14: 15,16). Jesús promete que el Espíritu Santo será enviado a los que son hijos de Dios y estará con ellos ¡*para siempre*!

*"No te desampararé, ni te dejaré"* (Heb. 13:5).
*"Al que a mí viene, no le echo fuera..."* (Jn. 6:37).

¡Habla de seguridad! No hay nada que se compare con todas estas promesas de Dios.

### Incertidumbre de mi salvación

Debido a la enseñanza bíblica que recibí durante mi niñez y juventud, viví años con mucha inseguridad en cuanto a mi destino eterno. Me enseñaron que nadie podía saber en esta vida si en verdad era salvo o no. Una noche, ya después de casarme, hubo una explosión cerca de nuestra casa y creí que era el fin del mundo. Por no saber a donde iría mi alma, empecé a llorar histéricamente. Mi amado esposo, que tenía entendimiento de la gracia de Dios, me ayudó enormemente. Me dirigió a las palabras de Jesús en Juan 6:37 *"Al que a mí viene, no le echo fuera."* Fue un proceso lento pero finalmente mi inseguridad y temor dieron lugar a la plena certeza de que no sería echada fuera del cielo, debido a que había llegado a Jesús, confiando sólo en El para mi salvación. La Palabra de Dios me trajo seguridad, y hará lo mismo contigo.

*Libre del temor*
Si tuviste una madre temerosa o no, lo cierto es que casi todas crecimos con algunos temores: temor a la muerte, temor a un accidente, temor de perder al marido, temor al cáncer, temor de quedarse sola. Sin embargo, con la ayuda de nuestro Padre Celestial, podemos vencer estos temores, puesto que en las Escrituras El dice más de 366 veces: "no temas". Medita en esta palabra de Proverbios: *"el que oyere mi palabra, habitará confiadamente y vivirá tranquilo, sin temor del mal"* (1:33).

Hace años yo tuve temor de subirme a un avión, cosa que tenía que hacer frecuentemente por los viajes del ministerio. Entonces una amiga me compartió cómo ella impone sus manos en el avión cada vez que sube y declara, *"Jehová te enviará su bendición sobre tus graneros y sobre todo aquello en que pusieres tu mano.."* Deut. 28: 8. Empecé a hacerlo y me ayudó. A la vez, empecé a declarar con mi boca esta verdad: *"Dios no nos (me) ha dado un espíritu de temor..."* 2 Tim. 1:7. Gracias a Dios, pude vencer totalmente ese temor y ¡hoy disfruto los constantes viajes en avión!

*4. El provee amor y aceptación incondicional*
¿Cuántas personas de niñas escucharon afirmaciones tales como: "Dios no te quiere cuando tú eres desobediente", o "Si te portas siempre bien, vas a irte al cielo"? ¡Qué conceptos tan erróneos nos enseñaron acerca de Dios!

El versículo bíblico más conocido en todo el mundo es Juan 3:16: *"De tal manera amó Dios al mundo, que ha dado a su hijo unigénito, para que todo aquel que en él cree, no se pierda, mas tenga vida eterna."* La palabra amó en griego es "agape" que significa amor incondicional. El nos ama tal como somos, no solamente cuando nuestra conducta es perfecta.

Más cantos y más libros se han escrito sobre el amor de Dios que sobre cualquier otro tema, sin embargo, todos se quedan cortos para transmitir este amor. Aun si tus padres te amaban al máximo de su capacidad humana, no hay nada que se compare al hecho de saber que Dios te ama y te acepta incondicionalmente. Multitudes de personas testifican que al entender esta verdad, sus vidas fueron transformadas.

### Los abrazos de Dios

A veces Dios nos hace sentir Su amor, independientemente del amor humano; posiblemente durante un tiempo de adoración su amor nos envuelve de una forma casi palpable. En otras ocasiones, El usa a la gente – a una amiga, el marido, un líder espiritual, un hijo – para expresar Su amor y aceptación. Ha habido casos de vidas transformadas a través de estos abrazos de amor.

A mí me sucedió algo hace varios años en un congreso para pastores en Cd. Juárez, que jamás olvidaré. Una noche cuando se había terminado la reunión y mucha gente todavía estaba orando el uno por el otro, se me acercó un hombre desconocido. Pero por su gafete sabía que era un pastor que se llamaba Martín. El me dijo: "¿Le puedo pedir un favor? ¿Pudiera darme un abrazo de mamá? Mi madre se murió cuando yo tenía cinco años y no sé qué es el abrazo de una madre."

Al abrazar a ese pastor, él empezó a llorar, y continuó llorando por unos minutos. Me conmovió tanto que yo también comencé a llorar. Luego nos despedimos, pensando yo que jamás le volvería a ver. Pero no fue así. Como dos años después estuve en otra ciudad y se me acercó un hombre, preguntando: "¿Se acuerda de mí?" Tuve que decirle honestamente que no me acordaba de él. Entonces me contestó: "¡Soy Martín!" Después de unos segundos, volvió a mi memoria la escena aquella noche en Cd. Juárez, y le abracé de nuevo, pero esta vez con un genuino amor.

Luego Martín me explicó lo que había significado mi abrazo de madre. Me dijo que por la falta de expresiones de afecto en su niñez, ahora de adulto, él había sido deficiente en poder expresar amor hacia su esposa e hijos. Aun había repercutido en su ministerio en la iglesia. Sin embargo, aquella noche en Cd. Juárez, Dios sanó algo en sus emociones y ahora era un marido, padre y pastor diferente.

Esta historia se repite frecuentemente dentro del Cuerpo de Cristo, donde fluye el amor de Dios. El Señor usa los instrumentos humanos para expresar Su amor incondicional y sanar nuestras heridas. Puede ser que en tu niñez no recibiste los abrazos y toques significativos que necesitabas. Pero ahora puedes sentir los abrazos de tu Padre Celestial. Como Martín, toma un paso y acércate a alguien que respetes, sea un líder, mujer de mayor edad, una amiga y pídele un abrazo de madre o de padre.

Si no necesitas recibir este abrazo para sanidad emocional, tú puedes ser un canal de bendición a otros, dando abrazos a los que tanto lo necesitan. ¡Sé generosa con tus abrazos! A mí, me sorprende e inquieta cómo mujeres en liderazgo en la iglesia batallan para dar abrazos a personas necesitadas. Les es fácil "imponer manos" al orar por la persona, pero a menudo un abrazo cariñoso es lo que necesita para recibir sanidad.

### *Dios te ama: ¡tres palabras revolucionarias!*

Un anterior presidente de los Estados Unidos, Richard Nixon, cuenta en su autobiografía de una experiencia con el amor de Dios que le transformó. Después de que había sido destituido vergonzosamente de la presidencia y recuperándose de una cirugía, él se encontraba en el hospital pasando por una gran depresión. Un día, sin deseos de vivir, entró en su cuarto una enfermera, caminó hacia la ventana y abrió las cortinas. Cuando el Sr. Nixon y su esposa Patricia miraron hacia afuera vieron una avioneta llevando un mensaje que decía: "Dios te ama y nosotros también."

El Sr. Nixon cuenta que al leer estas sencillas palabras, fue el momento que él empezó a recuperarse de la depresión. Después se dio cuenta que unos amigos cristianos habían contratado la avioneta.

Tal vez has buscado la aceptación de tus padres toda la vida y el rechazo te ha destruido. Ahora, Dios dice que en Jesús tú eres *"acepta en el Amado"* (Ef. 1:6). Al creer y abrazar esta verdad, tu vida puede ser transformada. Puede ser que en tu niñez no recibiste los abrazos que necesitabas. ¡Pero ahora puedes sentir los abrazos de tu Padre Celestial!

Ninguna relación que una mujer experimente será más plena que la relación que existe entre ella y su Señor. El hecho de que el Señor la sostenga en Sus brazos es lo que traerá sanidad del daño que pudiera haber sufrido en su búsqueda de otras relaciones. En Sus brazos, ella encuentra restauración. Habrá ocasiones en las que se sentirá como una niña y, en Su presencia, se sentará en el regazo de un Padre amoroso cuya sabiduría, consejo y amor consistente la aislarán del adversario contra el cual tiene que luchar. Su Padre se convierte en su protector.

### *5. El provee disciplina*

Una de las necesidades básicas de los niños es la disciplina. Por lo tanto, el niño que tuvo o tiene una madre consentidora, sufrirá toda la vida por no saber someterse a la autoridad. Sin embargo, si tú eres una de estas personas, ¡tengo buenas noticias! Si eres una hija de Dios, por haber aceptado a Jesucristo como tu Salvador, tu Padre Celestial te enseñará la disciplina. Por supuesto, será mucho más difícil como adulto, pero aprenderás y traerá madurez a tu vida.

*"Porque el Señor al que ama castiga, como el padre al hijo a quien quiere"* (Prov. 3:12).

*"Porque el Señor al que ama, disciplina...Si soportais la disciplina, Dios os trata como hijos; porque ¿qué hijo es aquel a quien el padre no disciplina?"* (Heb. 12:6,7).

### *Corrección directa e indirecta*

Todos necesitamos corrección y Dios tiene básicamente dos formas para corregirnos: la directa y la indirecta. La directa es cuando El habla a nuestro espíritu, tal vez cuando estamos leyendo la Biblia o estamos orando o meditando. "No debes tomar esta decisión."; "Estás siendo injusto con tu hijo." "¿Te fijaste cómo deshonraste a tu marido delante de los hijos?" Esta es la voz del Espíritu Santo que nos advierte o nos trae convicción del pecado.

Sin embargo, muchos somos medio "sordos" espiritualmente hablando y necesitamos algo más fuerte que la Voz interior. Entonces Dios también usa una forma indirecta para corregirnos. ¿Cuáles son algunas de estas formas?

(1) **Las represiones de la vida**, las circunstancias que nos recuerdan obedecer a Dios. Por ejemplo, si te dice el médico que tu colesterol está a casi 300 y estás en peligro de un infarto por la comida de alto contenido en grasas, ¡más vale que recuerdes que tu "cuerpo es templo del Espíritu Santo" y debes cuidarlo y tratarlo como tal.

(2) **Relaciones de pacto**, es decir, entre esposos se corrigen unos a otros, y aun hijos corrigen a padres. "Mamá, el aviso decía 40 kph y tú estás conduciendo a 60 kph." Entre verdaderos amigos también se corrigen unos a otros. *"Fieles son las heridas del que ama"* Prov. 27:6.

(3) **Las autoridades que El ha puesto**. Dios ha delegado autoridad de los padres sobre los hijos (Ef. 6: 1); los líderes en la iglesia sobre la grey (Heb. 13:17); el patrón sobre el empleado (Ef. 6:5); el gobierno sobre los ciudadanos (Rom.13: 1, 2).

Mucha es la gente que ha sido medio rebelde toda su vida, haciendo lo que le da la gana, porque no recibió disciplina correcta en su niñez. No escucha los consejos de sus padres, ni de su cónyuge, ni de amigos. Pero de repente, conoce a Cristo y llega a ser parte de una congregación cristiana donde existe orden bíblico. Esta persona inmediatamente encuentra que es necesario someterse a la autoridad delegada por Dios, sea el pastor u otro líder con autoridad. (No estoy hablando de una esclavitud a líderes espirituales, sino sumisión sana que trae orden.) Dios usará a este pastor o líder para traer disciplina a la vida del individuo rebelde, si se le permite. Al contrario, si sigue con un espíritu rebelde, posiblemente tendrá que sufrir algunos "golpes" de la vida, porque el Señor le ama demasiado como para dejarle continuar en su propio camino.

Un ejemplo de cómo Dios nos disciplina – a través de líderes espirituales – es el caso de un hombre que llamaré Octavio. Este hombre joven tiene una linda esposa que le ama, y como pareja tienen muchas ganas de servir al Señor algún día como pastores en su estado natal de Chiapas. Mientras esperan el tiempo de Dios para empezar su propio ministerio, Octavio ha estado apoyando en una nueva iglesia en Cd. Juárez. Pero hace poco algo triste sucedió. Octavio, un hombre casado, se involucró emocionalmente con una chica de la congregación. Al darse cuenta su líder, le confrontó y le puso en disciplina, quitándole todas sus responsabilidades (y privilegios) del ministerio. Si Octavio muestra señales de arrepentimiento y responde bien a la disciplina, con el tiempo él será restaurado y puede esperar un futuro brillante, sirviendo al Señor. Así que, la disciplina aplicada en amor y bajo la dirección del Espíritu Santo, produce madurez en el individuo.

Mi esposo Victor tuvo una madre que creía en usar la vara (en amor), de modo que él aprendió de niño a obedecer a la autoridad. Y él mismo cuenta que cuando llegó el día que ingresó al ejército norteamericano, no batalló para someterse al sargento, como muchos de sus compañeros. Años después, cuando servía como pastor asistente, no batalló para someterse al pastor principal. ¡Porque había aprendido de niño la disciplina!

Cuando alguien nos corrige, sea el esposo, pastor o patrón, en vez de siempre justificarnos, debemos hacernos estas preguntas: ¿Tiene esto un poco de verdad? ¿Cómo ha afectado esta falta a otros?

Recuerda esto: los instrumentos humanos que Dios utiliza para corregirnos posiblemente no habrán sido totalmente correctos; no obstante, de la experiencia vendrá bien, si abrazamos y no rechazamos la disciplina. La corrección es una manera en que nuestro Padre Celestial nos muestra su amor, por lo tanto, debemos regocijarnos porque somos amados y encontrar seguridad en su disciplina.

**Tienes un presente y futuro glorioso**
Hemos visto cómo uno de los nombres de nuesto Padre Celestial es El Shaddai, que en parte significa el que sustenta y cuida. Otro nombre es Yirah, nuestro proveedor. El nos consuela y nutre, provee seguridad y confianza, provee amor y aceptación incondicional y nos disciplina en amor.

Sea cual sea tu pasado, piensa por un momento en lo que Dios te ha dado:
Identidad, eres Su hija. *"Mirad cual amor nos ha dado el Padre, para que seamos llamados hijos de Dios..."* I Jn. 3:1.
Un sentir de procedencia: *"Porque tú formaste mis entrañas; tú me hiciste en el vientre de mi madre"* Sal. 139:13.
Propósito: *"Porque para mí el vivir es Cristo"* Fil. 1:21.
Paz: *"Tenemos paz para con Dios por medio de nuestro Señor Jesucristo"* Rom. 5:1.
Perdón: *"La sangre de Jesucristo su Hijo nos limpia de todo pecado"* I Jn. 1:7.

Destino: *"En la casa de mi padre muchas moradas hay...voy, pues a preparar lugar para vosotros"* Jn. 14:2.

## ¿Conoces a Dios como Padre?

La pregunta es: ¿conoces a Dios como Padre? Muchos piensan erróneamente que "todos somos hijos de Dios" simplemente porque somos creación de El, o porque sus padres eran cristianos. Pero Dios no tiene nietos, sólo hijos, y llegamos a ser su hijo(a) cuando tomamos la decisión de arrepentirnos de nuestros pecados y aceptar a Jesucristo como nuestro Salvador y Señor. Si nunca has tomado esta decisión, puedes hacerlo ahora mismo. La Escritura dice: *"si confesares con tu boca que Jesús es el Señor, y creyeres en tu corazón que Dios le levantó de los muertos, serás salvo. Porque con el corazón se cree para justicia, pero con la boca se confiesa para salvación"* Rom. 10:9,10.

Si tú crees que Jesús es el Señor y deseas aceptarle de una manera personal, repite esta oración, pero de todo corazón:

*"Dios, te doy gracias por tu amor tan grande, que enviaste a tu Hijo Jesucristo a morir en la cruz por mí. Entiendo que mis pecados me han separado de Ti, pero en este momento, me arrepiento de todos ellos y te pido perdón. Creo que Jesús es el Hijo de Dios, y que murió en la cruz por mis pecados. Le confieso ahora como mi Señor y mi único Salvador. En ningún otro hay salvación. Ven a mi vida y hazme una nueva persona. Gracias por escucharme y aceptarme como tu hija."*

Sea que apenas estás aceptando a Jesús como tu Salvador, o tienes años de conocerle, hay otro paso muy importante que tienes que tomar para ser una mujer completamente íntegra. Sigue conmigo en nuestro viaje.

# Capítulo 3

(Debido a lo largo de este capítulo se sugiere que se divida en 2 ó 3 partes cuando se usa como curso en un grupo.)

## PREGUNTAS PARA REFLEXIONAR

**1.** ¿Cuáles son tus Escrituras favoritas que te dan confianza y seguridad en el Señor?

**2.** ¿Qué entiendes por "amor incondicional"? ¿Te cuesta trabajo creer que Dios te ama de esta manera?

**3.** ¿Has experimentado ser instrumento de Dios para darle un abrazo significativo a otra persona? Comparte.

**4.** ¿Crees que la disciplina es una expresión del amor? Menciona un ejemplo donde hayas experimentado la disciplina de Dios. ¿Qué entiendes por "someterse" a la autoridad?

**5.** ¿Tienes algún testimonio en cuanto a la provisión de Dios? ¿Un buen trabajo o aumento de sueldo inesperado? ¿Dinero que llegó cuando más se necesitaba? ¿Una excelente oferta para comprar una casa, carro u otra necesidad? Comparte lo que Dios ha hecho en tu vida y en la de tu familia para proveer.

**6.** ¿Ha habido algún momento en tu vida que necesitaste de manera especial el consuelo y la presencia de Dios? ¿De qué manera lo sentiste?

**7.** ¿Hubo alguna verdad en especial o enseñanza bíblica en esta lección en que te inspiró?

**8.** Aunque no todos pueden contratar un avión para demostrarle el amor a otros, sí hay muchas maneras en que podemos mostrar amor. Mencionen algunas.

# 4
## TRES PASOS NECESARIOS

Hasta este punto, hemos identificado algunos tipos de madre y las consecuencias de su estilo de maternidad. A la vez, hemos visto cómo Dios, nuestro Padre Perfecto, suple las necesidades que posiblemente no recibamos de nuestra familia terrenal, y cómo entrar en esa relación con El. Pero nos falta otro paso importante si queremos ser mujeres íntegras y sanas emocional y espiritualmente. Tenemos que tomar la decisión de perdonar a nuestra madre o a la mujer que nos crió, sea la abuelita, tía u otra persona.

Aunque agradeces a Dios por la persona que te dio a luz o la que te crió, y la honras por ser tu madre, esto no te ciega a las maneras en que te dañó. Obviamente, algunas tendrán mucho más que perdonar que otras. Por ejemplo, conozco a una madre joven que llamaré Shira que sufrió desgracia sobre desgracia. Ella no entendía por qué tanta tragedia hasta que por fin se dio cuenta que cuando era niña, su madre la ofreció a Satanás. Como parte del pacto satánico, el brujo la violó sexualmente, mientras su madre esperaba en otro cuarto. "¿Cómo puede alguien perdonar a su madre por tal ofensa?" puede que te preguntes. Solamente porque Shira ha experimentado la gracia de Dios en su propia vida pudo perdonar a su madre, y desde que lo hizo, ella misma está siendo restaurada.

La mujer que nunca se sentía aceptada y amada incondicionalmente por su madre, seguramente habrá tenido una vida difícil debido al espíritu de rechazo, condenación e inseguridad, que viene arrastrando, el cual hace casi imposible entablar relaciones sanas con otros. En los casos donde hubo abuso sexual, es común que la persona tenga resentimiento contra su madre por no haberla protegido. O si sencillamente sientes que algo fue robado de tu niñez, necesitas perdonar a tu mamá.

## *Historia de Carol Arnott*

Quiero compartir la historia de Carol Arnott de Toronto, Canadá, porque nos ayudará a entender otra área más profunda sobre el perdón: el juzgar y no honrar. Ella misma relata: "Mi mamá fue la menor de ocho hijos y no fue deseada, así que sufrió abuso físico y emocional de parte de sus padres, Cuando yo era una niña no podía entender el dolor y el rechazo que mi madre sentía hacia mí. No sabía lo profundo de sus heridas. Sólo sabía que ella me castigaba con crueldad y me golpeaba severamente. Ella tomaba el cinto de mi papá y me golpeaba fuertemente hasta dejar moretones y cicatrices en mi cuerpo, pero las marcas más profundas se quedaron dentro de mí, y la odiaba.

"Cuando me convertí a Cristo, me di cuenta que tenía que ser libre del rencor contra ella. Primeramente la perdoné; sin embargo, mis sentimientos hacia ella no cambiaban. No fue hasta que recibí una enseñanza sobre juicios enraizados en la amargura, que lo pude entender.

"La Escritura NO dice, honrarás a tu padre y a tu madre sólo si son buenos cristianos y si ellos hacen todo correctamente. ¿Verdad que no? Lo que dice es: *Honra a tu padre y a tu madre, como Jehová tu Dios te ha mandado…(Deut 5:16).*

"Contrariamente, en las áreas en que no los honres, no prosperarás. El empezó a mostrarme que hay dos lados en este asunto. Necesitaba perdonar, sí, pero también necesitaba arrepentirme de mi propio pecado de juzgar a mi madre. Y ese pecado era mío, no de ella.

"Entonces oré así: 'Dios, reconozco que he pecado al juzgar a mi madre y no la he honrado. Señor, la perdono por todo lo que ella me ha hecho. Ella no me debe nada. Yo te pido perdón, y te doy permiso para mostrarme las áreas que necesito corregir.' Oré sin sentir gran cosa en mi corazón; nada emocional sucedió en ese momento.

"Sin embargo, esa oración inició un viaje de tres años y medio a través de los cuales resolví asuntos de importancia en mi vida. También tuve que arrepentirme por haber juzgado a mi padre por no protegerme de mi madre. Estos juicios le dieron al enemigo los derechos legales para traer ataduras y opresiones a mi vida. Es la ley de sembrar y cosechar.

"Si hay áreas en tu vida donde cosas negativas se repiten; si hay áreas donde eres incapaz de amar a alguien como debieras; mira hacia atrás y di: 'Espíritu Santo, muéstrame si yo he juzgado a alguna persona de autoridad en mi vida.'

"El Señor ha venido a dar libertad a los cautivos, a vendar a los quebrantados de corazón, a abrir las puertas de la cárcel (Isaías 61:1). Esta verdad ha significado para mí más que un millón de dólares. ¡Ha significado libertad y sanidad! Dios me ha hecho libre, ¡y es una libertad gloriosa!"

**Consecuencias de no honrar a los padres**
El autor y maestro de la Biblia, Derek Prince, escribió sobre maldiciones y sus causas. Y él menciona que una causa de las maldiciones es la falta de respeto hacia los padres. El dice:
"El quinto de los diez mandamientos es repetido en el Nuevo Testamento. San Pablo declara: *"Honra a tu padre y a tu madre, que es el primer mandamiento con promesa: para que te vaya bien, y seas de larga vida sobre la tierra"* (Ef. 6:2,3). Nota la promesa especial: 'Para que te vaya bien y seas de larga vida sobre la tierra'. Si quieres que todo te vaya bien, debes cuidarte de honrar a tus padres. Ten en mente que es posible honrar a tus padres sin estar de acuerdo con ellos en todas las cosas o respaldar todo lo que hagan. Tú puedes estar en total desacuerdo con ellos en algunos asuntos, y todavía mantener una actitud respetuosa hacia ellos. Honrar a tus padres de esta manera es también honrar a Dios, que dio estos mandamientos.

"Estoy convencido de que el requisito esencial para que la bendición de Dios se derrame sobre la vida de una persona, es tener una actitud apropiada hacia sus padres, (y todos los de autoridad). En el transcurso de los años que he tratado con cristianos, pastoreando y aconsejando, jamás he hallado a uno que habiendo tenido mala actitud hacia sus padres haya disfrutado de la bendición de Dios. Tales personas pueden ser activas en la iglesia y enérgicas en el ministerio. Sin embargo, siempre faltará algo en sus vidas: la bendición y el favor de Dios. Por otra parte, he visto a muchas vidas transformadas al reconocer este error y haberse arrepentido."

Pero ¿qué significa "honrar" a los padres? Primeramente, honrar NO significa adorar o venerar a la madre, como es casi costumbre en nuestra cultura. En una sociedad matriarcal, la madre es el centro de atención, todo en el hogar gira en derredor de ella, y a veces hasta hay una distorsión en la relación madre/hijo.

Honrar a los padres quiere decir respetar, dar su debido lugar, estimar y cuidar de sus necesidades materiales, si las hay, cuando ya son grandes.

### *Tres pasos importantes: perdonar, arrepentirse, romper*

Hay tres pasos necesarios para traer sanidad y restauración a nuestras familias: Perdonar a nuestros padres sus errores, arrepentirnos por haberles juzgado y romper maldiciones y patrones familiares.

¿Estás lista para perdonar? Si tu respuesta es "sí", repite esta oración de todo corazón:

*"Padre Celestial, te doy gracias por haberme aceptado y perdonado. Te doy gracias que la sangre de Jesucristo tu Hijo me limpia de todo pecado. Por haber recibido tu perdón no merecido, yo perdono a mis padres los errores que cometieron conmigo. Los perdono por las ofensas y heridas que me causaron.*

*"A la vez, me arrepiento por el pecado de juzgar y no honrar a mi madre (o padre si es el caso). He sido culpable de quebrantar el quinto mandamiento. Perdóname, Padre, y límpiame con la sangre de tu Hijo, el Señor Jesucristo.*

*"Al mismo tiempo, tomo autoridad en el Nombre de Jesús y rompo las maldiciones generacionales en mi familia."* (Por ejemplo, patrones de maldad repetidos, como el alcoholismo, perversidad sexual, ocultismo, hechicería, divorcio, etc.)

Si has tomado este paso tan importante, ¡te felicito! Porque ya has quitado "piedras grandes" que habían tapado el fluir de la fuente de vida abundante. No necesariamente vendrán todos los cambios de la noche a la mañana... pero si sigues con tu vista fija en Cristo, los cambios seguramente vendrán. Y por supuesto ¡serás una madre mucho mejor! También hay otros factores importantes que necesitas tomar en cuenta para ser buena madre. En el siguiente capítulo los veremos.

## Capítulo 4

## PREGUNTAS PARA REFLEXIONAR

**1.** El mandamiento dice: *"Honra a tu padre y a tu madre para que tus días se alarguen en la tierra que Jehová tu Dios te da"*. ¿De qué maneras el no honrarlos, puede afectar nuestra salud física, emocional y espiritual? ¿Cómo puede afectar nuestro desenvolvimiento en otras actividades de importancia? ¿Cómo puede interferir con los propósitos de Dios para tu vida?
**2.** Honrar a los padres ¿forzosamente implica disfrutar el tiempo que pasas con ellos? Menciona algunos ejemplos por los cuales la relación con los padres no necesariamente es siempre placentera.
**3.** ¿De qué maneras puede uno honrar a padres difíciles y/o padres que hicieron más daño que bien?
**4.** En tu familia, ¿cuáles son algunos patrones familiares positivos que deseas que continúen, generación tras generación?

| *Escuchen los diferentes ejemplos e indiquen cuáles demuestran sana honra a los padres, y cuáles no:* |
|---|

Cada miércoles, Berenice saca a su mamá a desayunar, llevarla de compras, y "ponerse al corriente".

Aunque a Eloísa le convencen las enseñanzas del grupo de mujeres a donde va, no ha querido involucrarse
más porque su mamá le dice que no puede traicionar la religión que ella le ha inculcado desde chica.

Octavia y sus hermanos aportan juntos a una cuenta de banco de la cual su mamá puede disponer para cosas que no alcanza con su pensión del seguro.

Aunque la mamá de Maribel vive lejos, Maribel es cuidadosa en llamarle por teléfono cuando menos una vez por semana. Frecuentemente le manda "tarjetitas" de aprecio y cariño.

Belinda tiene a su mamá viviendo en casa y aprovecha cada oportunidad que tiene para contar a todas sus amistades y compañeros de trabajo lo difícil e insoportable que su mamá se está poniendo.

# 5
# ¡TÚ PUEDES SER UNA BUENA MADRE!

¿Cuál es la mejor herencia que puedes dar a tu hijo? ¿Verdad que es ser una buena madre, con el fin de que él crezca para ser sano emocionalmente y que ame a Dios con todo su corazón?

A lo largo de la Escritura hallamos una gran variedad de situaciones usadas como ilustraciones de las verdades espirituales. Quizá la analogía más hermosa en toda la Biblia es el paralelo dibujado entre el padre humano y el Padre Celestial. Más de tres mil veces se usan en la Escritura las palabras "hijo", "hijos", "padre", "padres", y la gran mayoría de estos casos se refiere a la relación de Dios como Padre hacia su pueblo. De modo que, de la paternidad de Dios podemos aprender mucho respecto a nuestras obligaciones como madres. Cuanto más se entienda el corazón de Dios como el de un padre/madre, más verdadero será nuestro papel como madre en la tierra.

Comúnmente somos bienintencionadas, pero a veces por ignorancia o ideas distorsionadas, herimos a los que más amamos. Entonces, usando el patrón de Dios, el Padre perfecto, veamos lo que una buena madre provee para su hijo.

## l. Provee para sus necesidades físicas

*"Porque si alguno no provee para los suyos, y mayormente para los de su casa ha negado la fe y es peor que un incrédulo"* 1 Tim. 5:8.

De todo lo que necesitan los hijos, probablemente lo más fácil de proveer son las necesidades físicas, como comida, ropa, casa y educación. Y abundan historias de madres (y padres) que sacrificaron sus propios sueños con tal de dar a sus hijos cosas materiales, mejores que lo que ellas posiblemente tuvieron. Sin embargo, hoy día en nuestra sociedad existe un grave peligro: ¡el materialismo!

¡Ten cuidado de que tu hijo no crezca creyendo que el mundo le debe lo mejor de ropa, escuelas, carros, etc.! Si por la gracia de Dios y el esfuerzo de sus padres, él tiene estas cosas, que esté muy agradecido, tanto con los padres, como también con Dios. La Biblia *dice: "El amor al dinero (cosas materiales) es la raíz de todos los males..."* 1ª Tim.6:10.

Una clave en el desarrollo físico y emocional de los hijos es una buena alimentación, y es preocupante hoy en día cómo la combinación de vidas ajetreadas y la facilidad de conseguir comida "rápida", ha degenerado la calidad de alimentación de nuestros hijos. Esto no solo afecta en su salud física, como sobrepeso, predisposición a diabetes y otras cosas, pero aun hasta afecta su capacidad mental.

Se ha comprobado científicamente que el azúcar refinada y otros químicos afectan el carácter de algunos niños. Tengo unos amigos que tenían un hijo hiperactivo de cuatro o cinco años. Cuando identificaron y eliminaron comidas con color artificial (como cheetos y kool-aid), el comportamiento del niño cambió casi inmediatamente. (No estoy diciendo que todo caso de niño hiperactivo sea igual.) Y ¿sabe quién es la persona principal para traer los cambios necesarios en la cocina? Por supuesto ¡la mamá!

Para Dios, la sana alimentación es parte de su plan divino. Antes de crear a Adán y Eva, les preparó un huerto lleno de variedad de frutas y legumbres. Y es interesante que muchos de los nutriólogos y médicos que se especializan en la medicina preventiva confirman que la dieta de Génesis - verduras, frutas, legumbres y nueces - es lo más saludable que hay.

No tienes que ser una excelente cocinera, ni siquiera necesitas tener excesivo tiempo para preparar alimentos sanos. Lee todo lo que se pueda sobre la nutrición y pídele a Dios creatividad. Rompe con el hábito continuo de "pedir una pizza" porque "no hay tiempo" de preparar otra cosa. ¡Dale a tus hijos el regalo de la buena salud!

## 2. Provee aceptación incondicional

La cosa más importante en la vida de un niño es su necesidad de conocer del Dios vivo y hablaremos sobre esto más adelante, pero la segunda cosa más importante que puedes darle a tu hijo es una buena autoestima, porque lo que él piensa de sí mismo, su autoconcepto, afectará sus relaciones con otros toda la vida. Hasta que uno tenga una autoimagen sana y positiva, tendrá la capacidad de amar a otros. Y la clave principal para que él tenga esta buena autoestima, es que sepa que sus padres le aceptan incondicionalmente.

Muchos hijos se sienten amados únicamente cuando son "trofeos"; es decir, la madre muestra aceptación solamente cuando el niño se comporta muy bien, cuando él sobresale en la escuela, en los deportes o en la música. El niño necesita saber que él es especial aun cuando no ha hecho nada especial.

Es un hecho comprobado que las personas que se sienten de poco valor, de baja autoestima, son las más propensas a llevar una vida destructiva y a entrar en relaciones con personas que abusen de ellos. El niño que no se siente aceptado por sus padres llega a ser vulnerable a la presión destructiva del grupo. El pelea para conseguir que otros lo acepten. También batalla para creer que Dios le acepta.

Nuestra necesidad de sentirnos aceptados empieza en el momento en que nacemos. Y si no lo recibimos, seremos adultos lisiados emocionalmente. Conozco a un matrimonio que tenían trasfondos muy diferentes. Genaro creció en una familia numerosa y sumamente pobre. Eran tan pobres que en ocasiones Genaro y sus hermanitos tuvieron que comer tierra para que no les doliera el estómago. Sin embargo, había amor y aceptación en la familia, y hoy día Genaro es un adulto emocionalmente sano. Por otro lado a su esposa, Carolina, nunca le faltó nada en cuanto a necesidades físicas. Sin embargo, debido a que su madre murió cuando tenía apenas tres años, fue criada por una madrastra que nunca la aceptó totalmente.

Carolina creció carente de aceptación, y hoy día – casi 30 años después - todavía batalla con la inseguridad y el rechazo.

Los hijos que no reciben palabras de amor y aceptación a menudo toman uno de dos caminos: O pueden ser adictos al estudio/trabajo y afanados por lograr una cosa tras otra. "Yo les mostraré que soy alguien." O puede ser que se encierren en su propio mundo y vivan con un complejo tremendo de inferioridad.

**La aceptación y la aprobación son dos cosas diferentes.**
Los niños nacen con cualidades divinas: son cariñosos, amables y enseñables. A la vez, llevan la naturaleza pecaminosa de Adán: son sumamente egoístas. La tarea de la madre es delicada. Ella tiene que suplir su necesidad de seguridad, de amor y aceptación. A la vez, ella no debe aprobar la injusticia o mala conducta de su hijo. De modo que, ella tiene que mostrarle al hijo que lo acepta a él, pero no acepta su mal comportamiento.

**¿Qué puede hacer una madre para crear un sentido de aceptación?**

*a) Reconoce al niño como único.* Evita comparar a los hijos, porque cada uno es único y el niño debe sentir que sus padres lo quieren igual que a sus hermanos.

*b) Haz que el niño sepa que él es un gozo para ti.* Una de las cosas más devastadoras para un niño es sentir que vino por accidente, de un embarazo no deseado o que es un estorbo a la felicidad de sus padres o una carga económica.

*c) Mantén una relación honesta con el niño.* Sé suficientemente honesta para confesar tus propias debilidades y fracasos. Por ejemplo, si el hijo tiene miedo a la oscuridad, dile: "Yo sé cómo te sientes. Yo también le tenía miedo a la oscuridad cuando era niña." Pero si le llamas "cobarde", le estás haciendo sentir que no lo aceptas. Cuando hay confianza para conversar sobre los temores, y cuando oras con el niño al respecto, le ayudarás a sentirse seguro y aceptado.

*d) Trata al niño como una persona de valor.* Evita avergonzarlo en público.

Las personas que no se sintieron aceptadas por sus padres probablemente tendrán un espíritu de rechazo, el cual se manifiesta en una variedad de maneras. ¿Has conocido a una o más de estas mujeres: Eulalia, la envidiosa; Manuela, la mandona; Chila, la chismosa; Carmelita la criticona; Perla, la perfeccionista; Dalila, la deprimida; Enriqueta, la enojona; Paula, la posesiva o Amelia, la amargada? Las personas "difíciles", es decir, vengativas, posesivas, enojonas, pesimistas, celosas, "las sufridas", y otras, por lo general, son así porque no se aman a sí mismas. ¡Y todo empezó cuando de niñas, se sentían rechazadas!

### *3. Provee seguridad y confianza*

Cierto médico le preguntó a una niña: "¿Qué significa el hogar para ti?" Ella contestó: "El hogar es el lugar a donde uno va cuando oscurece." Ciertamente es una bendición que el niño pueda volver a la seguridad de un hogar de amor cuando oscurece. Lo triste es que, para muchos niños, el hogar también es oscuro.

Todos los niños necesitan un sentido profundo de seguridad si han de llegar a ser adultos sanos emocionalmente. Como ya aprendimos, una madre demasiado dominante trae inseguridad a la vida de sus hijos, porque la personalidad del niño se desarrollará tan escasamente como una semilla que brota demasiado cerca de un árbol grande. Por otro lado, si la madre es demasiado tolerante, al grado que no pone restricciones definidas, también va a criar a un hijo inseguro. Por supuesto, la madre temerosa tendrá hijos inseguros.

**Seis factores positivos para crear el sentido de seguridad en un niño:**

a.) Amor entre padre y madre. En un estudio hecho a adolescentes con problemas, la razón que más se mencionó por el uso de drogas fue: conflicto entre los padres. En el caso de padres

divorciados, el hijo necesita saber que los dos le aman, aunque ya no se amen entre sí.
b.) Unidad familiar
c.) Una rutina normal
d.) Disciplina adecuada
e.) Toques físicos. Se hablará sobre esto más adelante.
f.) Un sentido de pertenencia

## 4. Provee "nutrición" emocional

¿Has visto a un niño asustado y con terror en sus ojos? Pero de repente la madre le recoge, le toma en los brazos y empieza a consolarle con palabras tiernas. Poco a poco el niño se relaja, deja de llorar y se duerme en sus brazos. O se baja y se va corriendo. Lo mismo sucede cuando el niño se siente solo o herido; va corriendo a mamá y en sus brazos se siente seguro. El necesita saber que ocurra lo que ocurra, ella siempre estará a su lado.

Nutrir quiere decir alimentar o sustentar. Una buena madre suple todo lo que el niño necesita, tanto física, como emocionalmente. Ella derrama cuidado al alma de sus hijos en la misma manera que el sol y el agua nutren a las plantas. Sin esto, el niño, como las plantas, se seca y muere emocionalmente.

Se ha comprobado con estudios en orfanatorios donde los bebés no recibieron abrazos y atención, muchos se murieron. El doctor René Spitz, un sicoanalista de Nueva York, se dedicó durante tres meses a observar las reacciones de los bebés en un hogar de huérfanos, donde el personal encargado estaba tan ocupado que cada niño recibía atención equivalente a "la décima parte de una madre." El doctor Spitz encontró que aproximadamente el treinta por ciento de estos niños murieron antes de cumplir su primer año. "El hambre emocional es tan peligrosa como el hambre física", dice el doctor Spitz. "Es más lenta, pero es igual de efectiva."

## 5. *Provee amor incondicional*
*"...que enseñen a las mujeres jóvenes a AMAR a ... SUS HIJOS."*
Tit. 2:4

De todas nuestras necesidades emocionales, el amar y ser amado es lo primordial.

¿Qué es el amor? Primeramente, es una decisión y una respuesta que se aprende. El niño nace sin saber cómo amar pero con una gran capacidad para amar. Cuando el bebé recibe amor, él responde a ese amor y aprende a devolverlo.

Hay varias clases de amor, y lo que una madre siente por su bebé es un afecto natural que Dios pone en su corazón. Es fácil sentir ese amor por un niño amable y obediente, pero ¿cómo responderemos a un niño obstinado o a un adolescente rebelde? Si el amor "agape", que es el amor incondicional de Dios, mora en nosotros, entonces **podemos decidir** amar a este niño o adolescente difícil y El nos dará la capacidad.

**El amor debe ser expresado... con palabras, acciones y actitudes.**

La pregunta no es, "¿Amas tú a tus hijos?" La pregunta es "¿**Saben** tus hijos que les amas?" Debemos comunicar nuestro amor con palabras, acciones y actitudes. Proverbios dice: *"La muerte y la vida están en poder de la lengua."* (18:21) y *"manantial de vida es la boca del justo."* (10:11) Ningún hijo es demasiado grande como para no decirle "Te amo, mi hijo".

### *Los toques significativos*

En los últimos años hemos escuchado sobre la importancia de los "toques significativos". Y ¿qué es un toque significativo? Es un abrazo, un beso, una mano sobre el hombro, dado por alguien significativo en la vida de uno. Los sicólogos nos dicen que es una forma de comunicarle al hijo amor, seguridad y aceptación.

Los toques físicos han llegado a ser un tema de mucho estudio científico. Han hecho investigaciones con pacientes en los hospitales, las cuales confirman que en muchos casos estos toques cariñosos aceleran el proceso de la sanidad.

Hace años un reportero entrevistó a Marilyn Monroe, el símbolo del sexo de los 50's. Como él sabía de su triste niñez, que siendo huérfana ella fue pasada de familia a familia, él le preguntó: "¿Se sintió amada por alguna de las familias con las cuales vivió?" Ella respondió: "Una vez, cuando tenía siete u ocho años, la señora con la cual viví estaba poniéndose su maquillaje y mientras yo la observaba, ella extendió su mano y me tocó en la mejilla. ¡Por un momento me sentí amada!" Sus ojos se llenaron de lágrimas mientras recordaba ese evento. ¿Por qué? El toque sólo duró unos segundos y había sucedido años atrás, pero ¡había comunicado amor y seguridad a una niña hambrienta de afecto!

Al tratar a tus hijos, sé generosa con tus palabras y con estos toques físicos que comunican amor y aceptación. Cuando mis hijos eran pequeños, no existía la abundancia de buenos libros sobre la crianza de los hijos como en la actualidad. Aunque por supuesto, les amábamos mucho, mi esposo y yo no sabíamos la importancia de expresar verbalmente nuestro amor hacia los hijos, mucho menos los beneficios de los toques significativos. Pero una vez que aprendimos, empezamos a ponerlo en práctica. Y hasta la fecha seguimos expresando con palabras y con abrazos nuestro amor a los tres hijos y a sus cónyuges. Puedo decir honestamente que disfrutamos una relación maravillosa con ellos y con nuestros nueve nietos.

Si tu hijo tiene un año de edad, diez o treinta años, sigue expresando tu amor a través de palabras, actitudes y acciones, incluyendo los toques significativos. Todo esto ayuda a crear una relación íntima y sólida con él, cualquiera que sea su edad. Si tú eres una madre que batalla para dar abrazos a su hijo, probablemente es porque tienes un sentir de rechazo, por no haber recibido expresiones de afecto. En la siguiente sección aprenderás cómo romper este patrón y ser sanada.

## Las cuatro "A"

¿Has escuchado de las cuatro A's? Utilízalas y verás como obrarán maravillas en tu hijo:

### A #1  Amor Incondicional

Jeffrey, quien creció en Guatemala en una familia típica, sufría cada vez que en la escuela repartían las boletas (calificaciones). Sus dos hermanos y su hermana recibían puros 10's, mientras él recibía 4's y 5's. Un día su papá le llamó a su oficina, le sentó y Jeffrey se preparó para un buen regaño o castigo. Pero para su sorpresa, su papá le dijo: "Quiero que sepas que aunque tú recibes 4's en la escuela, yo te amo igual. ¡Porque eres mi hijo!" Estas palabras tuvieron tanto impacto en Jeffrey que años después, él se esforzó tanto en sus estudios que hasta ¡sacó su doctorado en Filosofía y Educación! Y ahora Dios está usándole para hablar con multitudes de jóvenes cada año.

### A #2  Afecto

Ya hablamos de lo importante de expresar el amor a través de palabras, toques y actitudes.

### A #3  Afirmación

A menudo lo único que escucha el hijo son palabras de corrección. Pero por cada cosa que él ha hecho mal, ¡probablemente ha hecho 20 cosas buenas! ¿Te has fijado en todo esto? ¿Le has comentado a él? "Qué bien recogiste tu cuarto."; "Que bueno que comiste tus verduras."; "Gracias por ser generoso"...o comprensivo, cariñoso, detallista, etc.

### A #4  Accesibilidad

Podemos expresar amor a nuestros hijos sin necesidad de gastar mucho dinero, pero no podemos expresar amor sin gastar algo de nuestro tiempo. Se dice que Susana Wesley (madre de los destacados hombres de Dios, Juan y Carlos Wesley) que vivía en el Siglo IX, pasaba una hora a solas, cada semana, con cada uno de sus diecinueve hijos.

Es importante para el muchacho que sus padres tengan interés en sus actividades escolares y que asistan a eventos donde él participe. Pero también es efectivo que el niño sea incluido en actividades de los padres, por sencillas que sean. Por ejemplo, decirle: "¿Quieres ir a la tienda conmigo?" Puede que sea simplemente ir a comprar leche, pero ¿por qué no pasar el tiempo junto a tu hijo y platicar mientras realizas este trámite? Estos momentitos naturales y espontáneos de incluir al niño en tus actividades, edifican la comunicación y cariño entre madre e hijo.

**¡Tú puedes dar sin amar, pero no puedes amar sin dar!**

*6. Provee disciplina*

De todas las áreas de la crianza de los hijos, probablemente el asunto de la disciplina es donde existe más confusión. Por un lado, algunos hogares se parecen a un campo de concentración, donde los hijos viven atemorizados porque el error más pequeño es castigado severamente. Esta clase de disciplina sin amor es tiranía y produce hijos que llegan a ser adultos temerosos y llenos de hostilidad.

Por otro lado, amor permisivo sin disciplina produce hijos egoístas, sin carácter y muchas veces sin moralidad. Existe un sinnúmero de libros, escritos por supuestos "expertos" sobre el tema, que aconsejan contra el castigo corporal y a favor de un estilo permisivo. A veces las personas se sorprenden por cuánto dice nuestro Padre Celestial sobre el tema. Por un lado El advierte contra cualquier abuso físico o sicológico de parte de los padres: *"Y vosotros, padres, no provoquéis a ira a vuestros hijos..."* Efesios 6:4. A la vez, vamos a ver que El nos ordena usar el castigo corporal.

**Lo que dice Dios sobre la disciplina y el castigo**
*El que detiene el castigo, a su hijo aborrece; mas el que lo ama desde temprano lo corrige* (Prov. 13:24).
*Castiga a tu hijo en tanto que hay esperanza; mas no se apresure tu alma para destruirlo* (Prov. 19:18).
*La necedad está ligada en el corazón del muchacho; mas la vara de la corrección la alejará de él* (Prov. 22:15).
*La vara y la corrección dan sabiduría; mas el muchacho consentido avergonzará a su madre* (Prov. 29:15).

### *Límites de Conducta*
Un maestro compró una pecera grande y la llenó con agua. Cuando el agua estuvo a la temperatura ambiente, colocó algunos peces en la pecera. Pero los peces se comportaban de manera extraña, se amontonaban apretados en el centro del recipiente sin moverse casi nada. Pocos días más tarde, compró piedras de colores para la pecera. Después de colocar las piedras, los peces nadaron libremente. Las piedras en el fondo mostraban dónde se acababa el agua, cosa que los peces no sabían antes de ser colocadas las piedras.

De manera muy similar, el niño que no conoce los límites para su conducta se siente inseguro y falto de amor. Si no aprende en el hogar a vivir dentro de ciertos límites, tendrá dificultad para vivir dentro de los límites de la realidad una vez que salga al mundo exterior.

### **Métodos de Disciplina**
Es interesante notar que las Escrituras nos enseñan unos principios básicos sobre la disciplina y el castigo, pero no técnicas específicas. Obviamente, las técnicas y los métodos varían de una edad a otra, de un niño a otro y de una situación a otra.

Aquí hay algunos breves principios que pueden serte útiles:
- Usa la alabanza más que el reproche.
- Insiste en la honradez.
- Se consistente, pero no inflexible.

- Evita el ridículo y el sarcasmo.
- Establece límites de conducta claros y definidos.
- Haz las decisiones terminantes lentamente, especialmente cuando estás cansado.
- Considera las diferencias individuales de los niños y toma decisiones de acuerdo con éstas.
- No castigues dos veces por la misma falta. Una vez que castigues, házle saber que ya lo has perdonado. Esto le ayudará a apreciar el perdón de Dios.
- Ejecuta el castigo de acuerdo con la ofensa. Se debe tratar con más severidad una mentira que una travesura.
- No disciplines en público, ni delante de los amigos de tu hijo. Esto trae humillación y no será efectivo.
- Espera a castigar severamente hasta que estés calmado y controlado. Un niño que es castigado más allá de lo que es justo porque sus padres están furiosos, no será corregido ni ayudado, al contrario se sentirá rechazado.
- No castigues al niño obligándole a hacer cosas de provecho que debería de hacer de todas maneras. Por ejemplo, algunos padres a veces han obligado a sus hijos a leer poemas o la Biblia como castigo.
- Nunca uses el nombre de Dios para intimidar o disciplinar. «Si no te portas bien, Diosito te va a castigar».
- Evita tomar medidas disciplinarias en la mesa. Durante las comidas se debe fomentar una atmósfera de armonía.
- No digas frases que sabes que son mentiras (o que asustan al niño). "Si no te comes los frijolitos, el lobo te va a agarrar".
- Un niño no debe ser castigado por una reacción emocional natural. Por ejemplo, el cansancio, la soledad, la vergüenza, el dolor y el temor son reacciones naturales.

Según las Escrituras mencionadas anteriormente, el padre que detiene el castigo a su hijo le aborrece. Y la palabra en hebreo, *Shebet*, que se traduce "castigo", significa "la vara". Así que el texto en Proverbios 13:24 dice: *El que detiene la vara, a su hijo aborrece*. Es sentimentalismo y no amor, lo que detiene la vara. La mayoría de los padres comete el error de usar la paliza como un "último recurso". Cuando los razonamientos, alegatos, sarcasmo y amenazas fracasan, la madre furiosa le da una paliza terrible al hijo. Pero cuando la vara se aplica en esta forma, casi siempre provoca más rebeldía.

No estamos hablando de abuso de niños. Unas nalgadas aplicadas en amor – (no una cachetada en la cara) es el método bíblico, mientras que el abuso sucede cuando una madre enojada desquita su ira sobre su hijo. El dolor de una paliza no dura más que unos minutos pero los efectos positivos duran para toda la vida. Los padres debieran dejar de estar tratando de ganar un concurso de popularidad con sus hijos. Lo que su hijo pueda pensar de la madre en el momento de la disciplina es de poca importancia. Lo que el hijo pensará de ti de aquí a veinte años ¡es de gran importancia!

En conclusión, no existe padre o madre que tenga la suficiente sabiduría para siempre saber cuándo y cómo disciplinar al hijo. Pero nuestro Padre Celestial es la fuente de toda sabiduría y El promete dársela a aquellos que se le acercan y que se la piden. *"Y si alguno de vosotros tiene falta de sabiduría, pídala a Dios, el cual da a todos abundantemente y sin reproche, y le será dada"* Stgo. 1:5.

### 7. *Provee conocimiento de Dios*

De todas las necesidades del niño, la más grande es su necesidad de conocer a Dios. De modo que, la responsabilidad más fuerte de los padres es la de enseñar a los hijos acerca del carácter de Dios.

Dios consideraba tan importante enseñar su Palabra a los hijos que El mandó al pueblo de Israel a instruirles por la mañana y en la noche, aun escribir sus enseñanzas en los postes de su casa. Les exhortó repetidas veces que contaran a sus hijos las cosas maravillosas que El había hecho por ellos.

*"Por tanto, pondréis éstas mis palabras en vuestro corazón y en vuestra alma,...y las enseñaréis a vuestros hijos, hablando de ellas cuando te sientes en tu casa, cuando andes por el camino, cuando te acuestes, y cuando te levantes, y las escribirás en los postes de tu casa, y en tus puertas; para que sean vuestros días, y los días de vuestros hijos, tan numerosos sobre la tierra que Jehová juró a vuestros padres que les había de dar, como los días de los cielos sobre la tierra."* Deut. 11:18-21

Al informar a sus hijos y nietos de la forma en que Dios los había librado de la esclavitud de Egipto y los había protegido y alimentado durante su peregrinaje en el desierto, los israelitas comunicaban a sus hijos algo respecto al carácter de Dios. Y al enseñarles los mandamientos, aprendieron aun más acerca de su carácter.

### ¿Por qué algunos rechazan la enseñanza?

Probablemente la razón más común que se escucha de un joven que rechaza la fe y estilo de vida de sus padres es que éstos decían una cosa y vivían otra, o que la vivían únicamente los domingos. Cuando la fe se reduce a simplemente "una religión", es decir, algunos ritos que cumplir, entonces no es la relación personal con el Creador del Universo, a través de su Hijo, de la cual hablan las Escrituras, y de la cual los hijos sí querrán ser partícipes.

La Biblia dice: *"Instruye al niño en su camino, y aun cuando fuere viejo no se apartará de él"* (Pr. 22:6). La palabra "instruir" se refiere especialmente al ejemplo, es decir, la mayor parte de la enseñanza se comunica por el ejemplo. Las experiencias espirituales más importantes de una familia consisten en las cosas que suceden diariamente en el hogar entre todos los miembros de la familia. Conocer a Dios no es simplemente "cumplir con una religión". ¡NO! Conocer a Dios es algo que trae vida y gozo a uno y su familia.

Debemos notar bien las palabras "alegrarán", "harán fiesta", y "junto con sus hijos" en la siguiente porción de las Escrituras: *"Comerán allí, delante del Señor su Dios, y en compañía de sus familias se alegrarán del fruto de su trabajo con que el Señor su Dios los haya bendecido. Y harán fiesta en presencia del Señor su Dios, junto con sus hijos... en presencia del Señor su Dios y en compañía de sus hijos... se alegrarán del fruto de su trabajo."* Deut. 12:7,12,18 Dios Habla Hoy.

Servir a Dios no es algo aburrido, monótono o algo que se tolera para escapar del infierno. El cristianismo auténtico es un estilo de vida que se vive diariamente en comunión con el Altísimo, y cuando es así, lo más natural es que los hijos lo deseen también. Cierto joven expresaba su preferencia por la versión de la Biblia Reina y Valera. Otro joven comentó que a él le gusto más la versión de las Américas. Y su amigo respondió: "Yo prefiero la versión de mi madre. Ella ha traducido la Biblia en el lenguaje de la vida diaria. La traducción de mi madre es la más clara."

### Programa a tu hijo para amar y servir a Dios

Se dice que el niño promedio hace 500,000 preguntas para cuando llega a los quince años. Esto significa medio millón de oportunidades de enseñar. Muchas de estas preguntas son "¿Por qué?" "¿cómo?" y nos abre la puerta para compartir lo que Dios es en nuestras vidas.

Debemos programar a los hijos a que hagan grandes cosas para Dios. Según las estadísticas, la gran mayoría de los misioneros hoy en día afirman que recibieron el llamado para servir al Señor durante su niñez. Catalina Booth, fundadora juntamente con su esposo de la gran organización misionera, el Ejército de Salvación, testificaba que desde niña tenía el fuerte deseo de servir a Dios. Para cuando ella tenía 12 años, ¡ya había leído la Biblia varias veces! Por el trabajo de ella y su esposo William, miles de prostitutas y alcohólicos en Londres fueron rescatados y transformados. Se cerraron un sinnúmero de cantinas y prostíbulos.

Inculca en tu hijo la visión de un destino grande en Dios. Ayúdale a soñar en ser un misionero, un pastor, un médico, un inventor, un abogado o siervo público que se dedica a traer justicia a su patria. Los hermanos Wright, Wilbur y Orville, crecieron en un hogar cristiano y su madre entendió que habían sido llamados a ser inventores. Ella les animó en esta vocación y el resultado fue el primer avión que revolucionó los medios de transporte y que ha traído gran bendición a la humanidad. Algún día, ¡tu hijo, también podrá servir a Dios y a su generación!

**Dios es real en un mundo de terror.**

A pesar de que los niños hoy en día están creciendo en un mundo lleno de violencia y caos, ellos no tienen que ser personas nerviosas y temerosas. Enséñales las grandes promesas bíblicas para que vivan en victoria. En vez de regañar al hijo por tener miedo en la noche, ayúdale a aprender el Salmo 4:8: *"En paz me acostaré, y asimismo dormiré; porque solo tú Jehová, me haces vivir confiado."*

Nosotros vivimos en la sierra de Chihuahua cuando mis tres hijos eran pequeños y en ocasiones había amenazas contra nuestras vidas. Pero los hijos aprendieron de memoria textos bíblicos como, *"El Angel del Señor acampa alrededor de los que le temen y los defiende"* (Sal.34:7), y llegaron a ser personas de fe que confiaban en la protección de Dios. Los niños tienen la capacidad de tener una fe real y profunda en un Dios grande si somos madres enérgicas y no perezosas.

*Para evaluar tu papel de enseñar a tus hijos en los caminos de Dios, hazte las siguientes preguntas:*

¿Tus hijos saben sin lugar a dudas que amas a Dios?
¿Ellos te ven leyendo la Biblia?
¿Oras regularmente con tus hijos?
¿Se dan cuenta tus hijos que la vida cristiana tiene la prioridad principal en tu vida?
¿Entienden tus hijos adolescentes y jóvenes que asistir cada domingo a la iglesia es tan imprescindible como ir a la escuela – que el decidir si van o no, no es una opción?

¿Animas a tus hijos a tener amistades cristianas y los apoyas facilitándoles que tengan actividades juntos?

¿Entienden tus hijos mayores la importancia de solo tener noviazgos cristianos?

¿Tus hijos entienden el amor incondicional de Dios por ellos?

¿"Hablar de Dios" es parte de la conversación natural y regular entre ustedes?

Quizá has hecho todo esto, pero aún te deseseperas por la apatía de tus hijos, sean jóvenes o ya adultos independientes. ¡Ten ánimo! Dios dice: *"Instruye al niño en su camino y cuando fuere viejo no se apartará de él"* Prov. 22:6. Existen testimonios maravillosos de personas que fueron rebeldes en su juventud, pero ahora son poderosos siervos de Dios. En el siguiente capítulo mencionaremos algunos de ellos.

# Capítulo 5

(Debido a lo largo de este capítulo se sugiere que se divida en 2 ó 3 partes cuando se usa como curso en un grupo).

## PREGUNTAS PARA REFLEXIONAR

**1.** Si desde pequeños es importante inculcar el hábito de la sana nutrición en nuestros hijos, en vez de darles dulces o papas fritas entre comidas ¿cuáles son algunas opciones nutritivas?

**2.** ¿Tú has recibido sanidad a través de un abrazo significativo alguna vez? ¿Has dado un abrazo significativo que trajo cambios interiores a la otra persona? Comparte experiencias.

**3.** ¿Qué consejo darías a una madre joven que no usa disciplina corporal por el temor a dañar al hijo?

**4.** ¿Cuándo es que la disciplina corporal llega a ser abuso físico?

**5.** ¿Sus hijos saben que los amas y aceptas incondicionalmente? Menciona dos maneras específicas en que se lo demuestras.

**6.** El director de la escuela de Carlitos llamó a sus padres, para informarle que Carlos será suspendido de la escuela por una semana porque lo atraparon robándole al profesor el examen final de biología. ¿Cómo pueden sus padres demostrar de una manera efectiva a su hijo que lo aman y aceptan pero no aprueban su conducta?

**7.** ¿De qué maneras puede una madre convertir su hogar en un refugio de paz y seguridad para los hijos... aún cuando puede que esté usted sufriendo una tempestad (problemas matrimoniales, divorcio, pérdida de trabajo, etc.)

**8.** Si alguien le preguntara a su hijo: "¿Cómo sabes que tu mamá te ama?" ¿Cómo crees que él contestaría?

**9.** En promedio, ¿cuánto tiempo pasas diaria/semanalmente con tus hijos, solo para conversar y dar tiempo de "calidad".

**10.** .Además de llevarlos semanalmente a una congregación cristiana (y si todavía no lo hace, ¡esto es primordial!) ¿de que otras maneras estás instruyendo a tus hijos en los caminos de Dios?

# 6
## ¡NUNCA ES DEMASIADO TARDE!

Este libro ha sido un llamado a la excelencia en la maternidad. Hemos levantado un estándar alto y señalado lo mucho que se requiere de nosotras como madres para suplir las necesidades de los hijos. Posiblemente tú estás lamentando los errores que cometiste y te sientes culpable por no suplir las necesidades emocionales de tus hijos. Tal vez, reconoces que has sido una madre controladora, o sobreprotectora, o consentidora, demasiado pasiva, o aun ausente emocionalmente.

¡Tengo buenas noticias! Aun hay esperanza. Hay algo que tú y yo podemos hacer para que la gracia de Dios cubra las grietas de nuestra insuficiencia. Si eres una mujer de oración, ¡tienes a tu alcance un recurso increíblemente poderoso! Porque al orar con fe, bajo la dirección del Espíritu Santo, puedes tocar el cielo y cambiar asuntos en la tierra. ¡Puedes desatar la gracia de Dios sobre tu familia!

Mi amiga Cristy cuenta: "En los años en que mis dos hijos más me necesitaban, durante su adolescencia, yo me encontraba en medio de una tempestad emocional. Mi esposo, después de 16 años de matrimonio, un día me informó que ya no me amaba y quería el divorcio. Aunque finalmente nunca nos separamos, durante los siguientes años vivimos como extraños bajo el mismo techo en una guerra fría. Además el hecho de que nuestros hijos se daban cuenta de la situación, les provocó una terrible inseguridad. En muchos sentidos, fui una madre emocionalmente ausente debido a esta carga tan grande.

"Pasaron algunos años y luego tuve un encuentro poderoso con Dios a través del Espíritu Santo. Había sido cristiana por años, pero no vivía en victoria. Gracias a Él, mi vida se transformó. Para comenzar, al permitir que el gran amor de Dios por mí cubriera (y aun sobrepasara) la deficiencia de amor que recibía por parte de mi pareja, yo nuevamente pude derramar más amor y atención sobre mis propios hijos. A la vez, aprendí a orar de una forma diferente y más poderosa; comencé a interceder eficazmente por mis hijos, pidiéndole a Dios que sanara todas sus heridas y declarando las promesas divinas sobre ellos. También, con el paso del tiempo, les pedí perdón por mis errores cometidos. Hoy, me maravillo al verlos, ambos ya jóvenes adultos, felices y desenvueltos, y muy involucrados en los caminos de Dios. ¡El ha hecho en ellos mucho más de lo que yo pudiera haber soñado!"

De hecho, encontramos en la Biblia promesas poderosas para nuestros hijos, las cuales podemos declarar y creer. Por ejemplo, una de las promesas de la cual se aferró Cristy es Isaías 49:25: *"Pero así dice Jehová: Ciertamente el cautivo será rescatado del valiente, y el botín será arrebatado al tirano; y tu pleito yo lo defenderé, y yo salvaré a tus hijos."*

Otras promesas que dan certeza de un Dios poderoso involucrado en la vida de nuestra familia son:

Isaías 54:13: *"Y todos tus hijos serán enseñados por Jehová; y se multiplicará la paz de tus hijos."*

Nehemías 4:14 *"No temáis delante de ellos; acordaos del Señor, grande y temible, y pelead por vuestros hermanos, por vuestros hijos y por vuestras hijas..."* Aunque el profeta Nehemías se refería a una batalla física, lo podemos aplicar a nuestra batalla espiritual a favor del bienestar de nuestros hijos. ¡Confiemos en las promesas de Dios y luchemos con fervor!

Si tu hijo(a) anda por malos caminos y sientes que en parte es porque fallaste como madre, persiste en orar, clamar y aun ayunar por él. No estás sola en la lucha. Muchísimos padres han experimentado desilusión y dolor en la crianza de los hijos. Uno de los hijos del conocido evangelista Billy Graham, se apartó de los caminos de Dios por varios años y él mismo testifica que fueron las oraciones persistentes de su madre lo que le hicieron "volver a casa". Ahora este hijo, Franklin, es el sucesor de su famoso padre.

A través de la historia existe un sinnúmero de testimonios de hijos pródigos que regresaron a casa diciendo lo mismo: "No importaba cuan lejos de Dios anduviera, no pude escapar de las oraciones de mi madre." Uno de estos era R.A. Torrey, un evangelista del siglo pasado. El escribe: "Yo estaba solamente a un pie de distancia del infierno, estaba huyendo de Dios y ni siquiera pensando en convertirme a Cristo. Sin embargo, un día, a la medianoche, me desperté y entregué mi vida a Dios. Ningún ser humano estuvo involucrado...excepto las oraciones fieles de mi madre, quien había orado por mí durante muchos años." Por los siguientes 40 años, Dios le usó poderosamente.

Pero recuerda, por muy poderosa que sea la oración, no es lo único que puedes hacer. Si ahora reconoces que no has amado incondicionalmente a tus hijos, comienza desde ahora, con la ayuda de Dios, a hacerlo. Otro elemento esencial para la sanidad de los hijos es que los padres reconozcan y confiesen sus propios errores, pidiendo perdón. Si tu esposo no está dispuesto, tú no dejes de hacerlo. Además, indica a tus hijos que tú has perdonado a su padre, porque esto les facilitará a ellos perdonarlo, y ser sanados también.

Sí, mi amiga, ¡hay esperanza! Pero es necesario tener paciencia. No te desanimes si no ves los cambios de la noche a la mañana. ¿Cuánto tiempo pasaría el padre del hijo pródigo en espera de su hijo desviado, antes de que él regresara? Es evidente que pasó un tiempo largo...pero al fin el hijo recapacitó y volvió. Y no debemos olvidar que el enfoque de esta parábola no era únicamente la conducta del hijo, sino también la del padre compasivo. Si queremos seguir el ejemplo de nuestro Padre celestial, tenemos que perdonar y mostrar compasión a nuestros hijos pródigos, así como El lo hizo.

Si no lo has hecho todavía, permite que El ahora te abrace, llene de Su amor y sane las heridas que tú aun tienes por las fallas de tu propia madre. Luego, con Su amor desbordante, y los recursos espirituales, comienza una nueva página en la relación de madre e hijo. ¡Sus vidas nunca serán iguales!

*"El hará volver el corazón de los padres hacia los hijos, y el corazón de los hijos hacia los padres, no sea que yo venga y hiera la tierra con maldición"* Mal. 4:6.

# Capítulo 6

## PREGUNTAS PARA REFLEXIONAR

**1.** Si te has sentido decepcionada de Dios por no obtener respuestas rápidas a tus oraciones, ¿qué verdades has aprendido en esta lección que te pueden ayudar a superarlo?

**2.** ¿En qué maneras son útiles los grupos de oración para enseñar a uno a orar específicamente por los hijos? Si no conoces de tal grupo, ¿has pensado en formar uno?

**3.** ¿Qué es "soltar" los hijos a Dios?

**4.** ¿Qué expectativas tienes para el futuro de tus hijos?

# CONSIGA TODOS NUESTROS MATERIALES

## LIBROS

### CRECIMIENTO

- 7 Cosas que Jamás Aceptaré
- El Dominio del Creyente
- Cómo Romper la Maldición de la Pobreza
- Poder en tu Boca
- Usted puede Ganar en la Vida
- Rompiendo Ataduras
- Cambia tu Vida a Través del Gozo
- 11 Mitos Mortales Vs. La Verdad
- Libre de Temor
- Satanás Casi Destruyó mi Vida
- María: Una vida ejemplar
- Tú puedes ser libre de ataduras sexuales
- La Importancia del Perdón
- Cómo Experimentar la Presencia de Dios
- La Nueva Era del Ocultismo
- Apocalipsis y el Nuevo Milenio
- Jesús de Nazaret
- La Persona que Dios Usa
- Tu Puedes ser Sobreabundantemente bendecido
- Mujeres Bíblicas #1
- Mujeres Bíblicas # 2
- Conociendo a Dios
- Verdades que Transforman
- Respuestas Bíblicas a 10 Preguntas Actuales
- Más que Vencedores
- 10 Fundamentos para una vida de éxito
- Experimenta la Presencia de Dios a Través del Tabernáculo
- El Asombroso e Inagotable *Amor de Dios*
- *Tú puedes ser sanado*
- *Como criar a un hijo adolescente ¡sin volverse loca!*

*Libros Nuevos*

### PARA MUJERES

- De Mujer a Mujer
- La Mujer de Excelencia (Curso y Bolsillo)
- La Mujer Verdaderamente Libre
- Tú puedes ser feliz, con o sin un hombre *(Ampliado y Actualizado).*
- De repente ¡Me quede Sola!
- ¡Auxilio! Me pidió el divorcio
- El Perfil de una Mujer de Dios
- ¿Quién Puede entender a los Hombres?
- La Verdadera Belleza
- 10 Errores que Cometen las Mujeres
- 8 Tipos de Madre
- Proverbios y la Mujer Moderna
- La Mujer y sus Emociones
- Situaciones Dif. que enfrentan las mujeres No. 1
- Situaciones Dif. que enfrentan las mujeres No. 2
- *El Deleite y el Dolor de ser Esposa de Pastor*
- *Disfruta donde estás mientras caminas a donde vas. (Vive en gozo)*
- *De Profesión: Mamá...*

### PARA MATRIMONIOS

- 14 Reglas para un Conflicto Matrimonial
- Amistad e Intimidad
- Matrimonio al Máximo
- 10 Mandamientos para el Matrimonio
- Curso de Matrimonios
- Fundamentos para el matrimonio

### PARA LA FAMILIA

- Sus Hijos, Barro en sus Manos
- La Familia Feliz
- Cuando Los Hijos se Rebelan
- 10 Errores que cometen padres de niños
- El Plan de Dios para la Familia

### AVIVAMIENTO

- Sorprendido por el Espíritu
- Una Aventura que Vivir
- Maravillas, Prodigios y Señales
- *Avivamientos de sanidad # 1*
- *Avivamientos de sanidad # 2*

# LIBROS

## ORACION

- Orando para Lograr Resultados
- El Secreto para Cambiar su Familia
- Cuando una Mujer Ora por sus Hijos
- Poseyendo la Tierra
- Cuando la Mujer Ora
- Intercesión: La Bomba Nuclear de Dios

## PARA JOVENES

- El Joven y su Sexualidad
- ¡Sexo, Vale la Pena Esperar!
- Novela Crystal
- Sabiduría para encontrar tu pareja y dirigir tu noviazgo

## PARA HOMBRES

- ¡Este Hombre sí Supo!
- El hombre, hijo, esposo, padre y amigo
- Ni macho ni ratón, sino verdadero varón
- Hombro con Hombro
- De Padre a Padre
- Faldas, Finanza y Fama
- Dios, el Dinero y tú
- 5 Prácticas de las personas que triunfan
- Una actitud que abre puertas
- *Hombres en Llamas

## UNA VIDA RADICAL

Biografía de Víctor y Gloria Richards

# OTROS MATERIALES

## VIDEOS Y DVD PARA MATRIMONIOS

- Disfrutando las diferencias
- 10 Mandamientos para el Matrimonio
- 10 Mandamientos para la Familia
- *Matrimonio Maravilloso en el Espíritu

## VIDEO-LECCIONES
(Incluye manual) VHS y DVD

- Apocalipsis y el nuevo milenio
- La Nueva Era del Ocultismo
- El Verdadero Sexo Seguro (No manual)

## AUDIO CASETES DE MUSICA
(Para niños)

- Cantando la Palabra
- Venciendo el Miedo-*Vaquero Vázquez*
- El Baño de Lucas (CD y Cass.)
- El Gran Engaño
- La Tía Ruperta (CD y Cass.)

*Nuevo Material*

## MENSAJES

- La Bendición de Vivir Bajo Autoridad
  (4 cass./4 DVD's/2 VHS) )
- La Verdadera Aventura
  (4 CD's y 4 cass.)
- Conectando con mis hijos
  (2 cass./2 CD's)
- Liderazgo en tiempo de Crisis
  (4 CD's / 4 Cass)

## AUDIO CASETES Y CD's DE MUSICA

- Se escucha la lluvia
- Unidos por la Cruz
- Hombres Valientes
- Clamemos a Jesús
- Generación sin Frontera
- Ven y llena esta Casa
- Esclavo por amor

**PARA PEDIDOS VER CONTRAPORTADA**

# Libros Adicionales

## EL Secreto Para Cambiar Su Familia Y Su Mundo

*¿Hay algo que podamos hacer con nuestros seres amados que andan lejos de Dios? En este pequeño libro usted aprenderá como usar algunas poderosas armas espirituales para cambiar su familia y su mundo.*

---

## Cambia Tu Vida A Través Del Gozo

*A diario nos enfrentamos con uaciones difíciles, sin embargo, nos llama a gozarnos. Este mostrará las claves erlo.*

ESTOS Y OTROS
ATERIALES QUE LE AYUDARÁN
MIENTO ESPIRITUAL-